차이나 모빌리티 2030

미래차 시장의 새로운 게임체인저

차이나 모빌리티 2030

윤재웅 지음

미래의창

미래 모빌리티 혁신,
중국이 주도한다

글로벌 자동차 산업이 전대미문의 격변기를 맞이하고 있다. 기존의 내연기관에서 전기차로, 소유에서 공유로, 아날로그 제조업에서 플랫폼 서비스업으로, 그리고 궁극적으로 사람이 직접 운전하는 유인有人 운전에서 자율주행으로 빠르게 변화하고 있다. 전 세계 주요 국가들은 연비규제를 강화하고 있으며 내연기관 자동차 판매를 금지하는 조치들을 잇따라 내놓고 있다. 심지어 노르웨이에서는 이미 2020년에 전기차 판매량이 내연기관 자동차 판매량을 넘어섰다. 지금까지 당연하게 여겨졌던 자동차에 관한 상식들이 모두 뒤바뀌고 있는 것이다. 1886년에 자동차가 처음으로 등장한 이래로 글로벌 자동차 산업의 패러다임 전환이 이토록 빠른 속도로 이뤄진 적은 없었다.

미래 모빌리티 청사진을 파악하기 위해서는 '케이스C.A.S.E.'라는 용어에 주목할 필요가 있다. 케이스는 '연결성Connected', '자율주행Autonomous', '공유Shared&Service', '전동화Electric drive'의 앞글자를 딴 신조어다. 5G 통신망으로 연결된 친환경 전기차가 주행 데이터를 클라우드에 축적하고 딥러닝 학습으로 자율주행 기술의 완성도를 높이는 한편, 로보택시Robo taxi를 이용한 공유 서비스로 수익성을 끌어올리는 것이 핵심이다. 뿐만 아니라 전동 킥보드와 같은 1인용 이동수단부터 전기 수직이착륙기electric Vertical Take-Off and Landing, eVTOL를 활용한 도심항공 모빌리티Urban Air Mobility, UAM까지 다양한 이동수단들이 창출하는 새로운 부가가치도 포함하고 있다. 앞으로 모빌리티가 다방면의 제조 및 서비스 산업과 융합해 초대형 산업으로 성장할 수밖에 없는 이유가 바로 여기에 있다.

테슬라는 이런 변화를 상징적으로 보여주는 기업이다. 몇 년 전까지만 하더라도 전기차를 만드는 신생 업체에 불과했던 테슬라는 2020년 7월에 글로벌 자동차 업계 시가총액 1위였던 도요타를 뛰어넘었다. 현재 테슬라의 시가총액은 도요타를 비롯해 GM, 폭스바겐, 포드Ford, 스텔란티스Stellantis 등 주요 자동차 업체들의 시가총액을 모두 합친 것보다도 더 크다. 도요타나 폭스바겐보다 자동차를 훨씬 적게 생산하면서도 전 세계에서 가장 가치 있는 자동차 회사가 된 것이다. 테슬라가 이처럼 높은 평가를 받는 이유는 테슬라가 단순히 전기차 제조업체가 아니라 모빌리티 서비스에서 에너지, 통신, 보험, 인공지능 등을 모두 아우르는 플랫폼 기업이기 때문이다. 또한 테슬라는 차량용 반도체와 전자제어장치Electronic Control Unit, ECU, 배터리팩, 슈퍼차저 등 모빌리티와 관련된 각종 제품과 서비스를 수직계열화했고, 무선 업데이트Over The Air, OTA를 통해 차량 성능 개선과 자율주행도 가능케 함으로써 모빌리티 산업의 게임체인저 역할을 하고 있다.

지금까지 자동차 산업은 대규모 설비투자를 필요로 하는 중후 장대형 산업의 대표주자로 꼽혀왔으며 전통과 안전을 중시하는 보수적인 경향이 매우 강했다. 복잡한 설계기술과 제조공정상의 노하우가 요구되다 보니 진입장벽이 매우 높았고, 수많은 신생 기업이 여러 차례 도전했다가 번번이 실패했다. 1956년 포드가 뉴욕 증시에 상장한 이후로 반세기가 넘도록 다른 자동차 기업이 상장하지 못한 것도 이러한 연유에서였다. 문제는 이 같은 특성이 자동차 산업의 과감한 혁신 과정에서는 걸림돌로 작용했다는 점이다. 안전성과 완성도를 중시하다 보니 혁신은 엄격한 관리하에 점진적으로 이뤄질 수밖에 없었다. 수많은 부품을 원활하게 조달하고 최적의 기능을 구현하기 위해서는 제품 개발부터 양산 단계까지 관련 업체 간의 협력이 필수였는데, 이 과정에서 완성차 업체와 부품 업체들 사이에 수직적이고 폐쇄적인 공급망이 형성되었다. 이는 내연기관차 중심의 기존 자동차 시장에서 선발주자의 이점을 누리고 있던 선진국 기업들이 주도권을 장악할 수 있었던 비결이다.

하지만 이제는 상황이 달라졌다. 자동차 산업이 제조업에서 모빌리티 서비스업으로 전환되는 현재의 소용돌이 속에서는 전통적인 규칙과 기존의 경쟁 구도가 빠르게 무너지고 있다. 실제로 모빌리티 부문에 천문학적인 자금을 쏟아부으며 새로운 기술과 혁신의 트렌드를 선도하는 곳은 기존 완성차 업체가 아니라 테크 기업들이며, 이들은 이미 완성차 업체들의 사업 영역을 상당 부분 잠식하고 있다. 테크 기업들이 이처럼 과감한 행보를 보이는 이유는 전기차·자율주행차 시장의 급성장으로 모빌리티 산업이 스마트폰 이후로 최대 격전지가 될 것으로 예상되는 가운데, 미래형 자동차가 '바퀴 달린 컴퓨터'로 진화하는 과정에서 관련 기술력을 가진 자신들이 선제적으로 주도권을 잡을 수 있다고 판단했기 때문이다. 물론 이에 대한 완성차 업체들의 저항과 반격도 거세다. 뼈를 깎는 구조조정을 통해 비즈니스 모델을 전환하는 한편, 적과의 동침을 마다하지 않고 경쟁력 확보를 위한 합종연횡에 나서고 있다. 지금 벌어지는 미래 모빌리티 경쟁에서 뒤처지면 10년 안에 시장에서 아예 존재 자체가 사라질 수도 있다는 위기감 때문이다.

이처럼 기존 질서가 뒤흔들리는 격변기에는 새로운 강자가 출현하기 마련이다. 중국이 바로 그 주인공이다. 그동안 중국은 막대한 투자와 정책적 지원에도 불구하고 전통적인 내연기관차 부문에서 약체로 꼽혀왔다. 하지만 자동차 산업의 패러다임이 바뀌는 상황에서 이 같은 약점은 역설적으로 레거시 코스트Legacy cost*를 낮추는 강점으로 작용하고 있다. 우선 중국에서는 기존 완성차 업체들의 기득권이 약했던 탓에 미래 모빌리티로 전환할 때 발생하는 저항과 마찰이 다른 자동차 선진국들에 비해서 훨씬 적다. 또한 거대한 내수시장이 산업을 뒷받침하고 있는 데다 첨단 기술과 풍부한 자금력을 갖춘 테크 기

* 혁신을 위해 나아갈 때 발목을 잡는 과거 유산의 비용.

업들이 즐비하다는 점도 플러스 요인으로 작용했다. 무엇보다도 결정적인 강점은 중국 정부가 미래 모빌리티 시장에서 주도권을 확보하기 위해 강력하고 일관된 정책을 펼치고 있다는 점이다. 선진국 자동차 회사들이 100년 넘게 기술력을 쌓아온 내연기관차 대신에 전기차, 자율주행차 등으로 이뤄질 미래 모빌리티 부문에서 글로벌 트렌드를 주도하며 자동차 산업의 패권을 장악하겠다는 것이다. 최근 중국 정부가 전자상거래, 핀테크, 사교육, 부동산 등에 대한 규제를 전방위적으로 강화하는 상황에서도 모빌리티 산업에 대해 과감한 지원을 지속하고 있는 것 역시 이러한 맥락이다.

중국의 야망은 이미 현실화되고 있다. 중국은 글로벌 전기차 판매량의 절반을 차지하는 세계 최대의 전기차 시장으로 부상했고, CATL, 비야디比亞迪와 같이 글로벌 경쟁력을 갖춘 배터리 업체들도 보유하고 있다. 공격적인 투자를 통해 리튬, 코발트 등 배터리 핵심소재들의 전 세계 공급망을 휘어잡고 있으며, 기존 완성차 업체뿐 아니라 수많은 스타트업이 전동화 기술 개발과 비즈니스 혁신에 나서며 전기차 생태계를 확장하고 있다. 모두 글로벌 전기차 밸류체인의 중심축이 되기 위해서 갖춰야 할 요건들이다. 이와 함께 중국은 차량공유 시장에서도 세계 최대 규모를 자랑하고 있다. 중국의 대표적인 차량공유 서비스 업체인 디디추싱滴滴出行의 일평균 매칭 건수는 약 4,100만 회로 경쟁사인 미국 우버의 약 1,800만 회에 비해 2배 이상 많다. 한 걸음 더 나아가 시진핑 정부는 2060년까지 탄소중립Net-zero••을 달성하기 위

•• 이산화탄소의 실질적 배출량을 0으로 만드는 것.

해 2035년부터는 내연기관 자동차 생산을 중단하겠다는 로드맵을 발표했다. 이런 점들을 놓고 볼 때 앞으로 중국이 세계 최대 전기차 시장 국가라는 지위를 수십 년간 유지하리라는 전망은 단순한 가정이 아니라 실현 가능성이 매우 높은 현실이라고 할 수 있다. 기존의 낙후된 금융 시스템 탓에 신용카드를 건너뛰고 모바일 QR코드로 넘어간 것처럼 기존 내연기관 부문의 비교열위가 후발주자의 이점으로 작용한 결과다. 테슬라의 CEO인 일론 머스크가 "향후 테슬라의 최대 경쟁자는 중국에서 나올 것이다"라고 발언한 것도 바로 이러한 배경을 염두에 두고 한 말이다.

상황이 이렇다 보니 중국의 거대한 시장 잠재력을 꿰뚫어 본 글로벌 자동차 업체들이 차이나 모빌리티에 올라타기 위해 앞다퉈 투자에 나서고 있다. 세계 최대 자동차 업체 중 하나인 폭스바겐은 로컬 기업 3개사와 손잡고 중국 전기차 시장을 공략하기 위해 2024년까지 150억 유로(한화 약 20조 원)를 투자하기로 했다. 미국의 GM도 2025년까지 270억 달러(한화 약 30조 원)를 투자해 중국과 미국 시장을 중심으로 새로운 전기차 모델 30여 종을 생산하기로 하는 한편, 중국 스마트카 시장의 주도권을 잡고자 자율주행 스타트업인 모멘타Momenta에도 거액을 투자했다. 이와 함께 한국의 대표주자인 현대차그룹도 중국 모빌리티 시장 공략에 적극적으로 나서고 있다. 세계 최대 전기차 시장인 중국에서 밀리면 다른 국가에서 아무리 선전해도 글로벌 점유율에서 뒤처질 수밖에 없다고 판단했기 때문이다.

테슬라가 본격적인 성장단계에 돌입한 것 역시 2019년 말 중국 상하이에 기가팩토리를 건설한 다음부터다. 테슬라는 높은 브랜드 인

지도와 기술력을 앞세워 중국의 전기차 시장을 빠르게 장악하고 있다. 사실 테슬라가 중국에 진출한 것은 거대한 전기차 수요를 흡수하기 위한 것도 있지만, 무엇보다도 가성비 높은 로컬 기업들과 협력해서 가격 경쟁력을 향상하고 소프트웨어 플랫폼으로 진화하는 모빌리티 산업에서 주도권을 확보하기 위해서라고 할 수 있다. 전 세계에서 플랫폼 비즈니스가 가장 활성화되어 있는 중국이야말로 테슬라 제국을 완성할 수 있는 최적지이기 때문이다. 애플이 중국의 제조공장과 소비시장을 활용해 글로벌 모바일 비즈니스의 최강자가 된 것과 같은 맥락이다. 중국 역시 단지 매력적인 전기차를 생산한다는 이유로 테슬라에게 자국 내 판매를 허용한 것이 아니다. 아이폰이 중국에서 생산되면서 중국의 스마트폰 밸류체인이 탄탄하게 형성되었고 이것이 화웨이, 오포, 비보, 샤오미 등 강력한 로컬 스마트폰 업체의 탄생으로 이어진 것처럼, 테슬라를 통해 중국의 모빌리티 밸류체인 전반을 업그레이드시킬 수 있다는 계산이 깔려 있다. 중국 전기차 시장의 신흥 강자인 니오NIO, 샤오펑Xpeng, 리오토Li Auto 등이 약진하게 된 원동력이다.

중국은 모빌리티 산업의 종착점이라 할 수 있는 자율주행 분야에서도 두각을 나타내고 있다. 정부의 전폭적인 지원으로 인공지능 산업이 급성장한 데다 자율주행차의 성능을 좌우하는 주행 데이터 측면에서 다른 국가들에 비해 압도적인 우위를 나타내고 있기 때문이다. 글로벌 컨설팅 업체인 맥킨지는 중국의 자율주행 시장 규모가 2040년에는 1조 달러를 돌파해 세계 최대 시장으로 부상할 것으로 전망했다. 중국인들에게 자율주행 서비스는 이미 일상이 되었다. 중앙정부와 지방정부의 경쟁적인 지원하에 로컬 기업들이 개발한 자율주행차가 시민들을 태우고 도로를 달리고 있으며, 심지어 2021년 5월부터는 안전요원이 타지 않은 완전 무인 로보택시도 운행을 시작했다. 바이두Baidu, 오토엑스AutoX, 위라이드Weride, 디디추싱과 같은 업체들이 상하이와 선전, 광저우 등에서 자율주행 택시 서비스를 운영하는 중이다. 이들 도시에서 승객들은 자율주행 택시를 콜택시처럼 스마트폰 앱으로 호출해서 타고 목적지까지 이동할 수 있다. 뿐만 아니라 알리바바Alibaba의 무인 택배 로봇인 샤오만뤼小蛮驴에서 볼 수 있듯이 자율주행 기술은 이미 택배업에도 적용되고 있고, 자율주행 기술과 접목된 도심항공 모빌리티 시장도 빠르게 커지고 있다. 바야흐로 중국이 자동차 후진국에서 모빌리티 강국으로 탈바꿈하고 있는 것이다.

이 같은 변화가 우리에게 의미하는 바는 매우 크다. 잘 알려진 것처럼 2000년대 초반부터 철강, 석유화학, 스마트폰, 디스플레이 등 한국의 주력 산업들은 시간이 지나며 점차 중국에게 추월당했다. 이런 상황에서 자동차 산업마저 중국에게 따라잡힌다면 한국 경제는 큰 타격을 입을 수밖에 없다. 자동차 산업은 제조업의 중추로 광범위한 전·후방 연관 산업을 갖고 있고 고용 유발 효과도 크기 때문이다. 실제로 중국은 배터리뿐 아니라 전기차 부문에서도 대륙을 넘어서 전세계로 활동 무대를 넓히고 있으며, 이에 따라 한국 기업들과의 경쟁 구도 역시 심화되고 있다. 게다가 중국은 한국의 대표 자동차 업체인 현대차·기아가 가장 큰 해외 생산공장을 가동하고 있는 곳이다. 즉,

중국에서의 실적이 기업 전체 실적에 큰 영향을 미칠 수밖에 없는 구조다. 하지만 현대차·기아는 최근 몇 년간 중국 시장에서 로컬 기업들의 추격과 SUV 모델의 부재, 사드 보복 등의 여파로 부진에서 벗어나지 못하고 있다. 현대차·기아와 중국에 동반 진출한 수많은 부품 업체들의 사정도 마찬가지로 악화일로다.

문제는 국내 기업들이 내연기관차 부문에서 중국에 확실한 우위를 확보하지 못한 상황에서 중국의 미래 모빌리티 산업이 두각을 나타내면서 이들이 국내 자동차 산업에 심각한 위협으로 떠오르고 있다는 점이다. 과감한 투자와 플랫폼 업체와의 합종연횡으로 중국 기업들이 부쩍 실력을 키운 데다 글로벌 완성차 업체들도 세계 최대 모빌리티 시장이 될 중국에 전사적인 역량을 집중하고 있기 때문이다. 테슬라의 메기 효과Catfish effect*로 중국 부품 업체들의 실력과 존재감도 나날이 빠르게 커지고 있다.

더욱이 중국 기업들은 뛰어난 미래 모빌리티 경쟁력을 앞세워 이제는 자국 내수시장에 머무르지 않고 세계 시장으로 뻗어 나가려 하고 있다. 배터리, 모터에서부터 인포테인먼트**까지 어느 국가보다 전기차 제조 생태계가 견고하게 구축되어 있고, 규모의 경제로 가격 경쟁력마저 갖추고 있다는 점을 감안하면 충분히 달성 가능한 목표다. 실제로 인도네시아, 태국, 러시아 등 신흥국 시장에서는 중국 브랜

---

* 막강한 경쟁자의 존재가 다른 경쟁자들의 잠재력을 끌어올리는 효과.
** 운전과 길 안내 등 운전자에게 필요한 정보를 뜻하는 인포메이션Information과 다양한 오락거리와 인간 친화적인 기능을 뜻하는 엔터테인먼트Entertainment가 합쳐진 통합 시스템이나 장치.

드가 약진하고 있고, 미국과 유럽 등의 자동차 선진국에서도 중국 모빌리티에 대한 재평가가 이뤄지고 있다. 이렇게 볼 때 중국의 모빌리티 산업은 과거 스마트폰 산업에서 그랬던 것처럼 자율주행 기술과 운영체제를 표준화한 선도 기업을 중심으로 글로벌 시장 점유율을 높이며 미국과 양자 대결 구도를 펼칠 가능성이 크다.

이 책을 쓰게 된 이유도 중국에서 진행되고 있는 모빌리티 혁신이 어떤 속도와 방향으로 진행되고 있는지, 경쟁력의 원천은 무엇인지에 관해 살펴보기 위해서다. 나아가 중국의 변화가 국내 주력 산업인 자동차 산업과 한국 경제 전반에 어떤 영향을 미칠지에 관해 논의하려는 목적도 있다. 한국은 글로벌 모빌리티 패러다임 전환에 큰 영향을 받을 수밖에 없고, 특히 중국에서 벌어지고 있는 모빌리티 혁신의 파도에 어떻게 대응하는지에 따라 향후 글로벌 시장에서의 입지가 결정될 가능성이 높기 때문이다. 한국에 심각한 위협이 될 수 있으면서 동시에 엄청난 기회가 될 수도 있는 차이나 모빌리티를 이해하지 않고서는 중국 경제는 물론 글로벌 경제의 흐름을 제대로 파악하기 힘들 뿐만 아니라 100년 만에 찾아온 새로운 모빌리티 시대를 주도하기 어렵다.

이번 책은 2020년 코로나19 팬데믹으로 가속화한 중국의 플랫폼 경제를 분석한 《차이나 플랫폼이 온다》이후로 1년 반 만에 출간하는 책이자 중국 경제에 관한 필자의 네 번째 책이다. 최근 들어서 출간 주기가 짧아지는 것은 그만큼 중국 혁신의 호흡이 가빠진 탓이 크다.

매일 새로운 뉴스가 쏟아지고 업계의 판도를 뒤흔드는 빅딜이 연이어 나오는 상황에서 중국 모빌리티 생태계와 변화의 흐름을 파악하는 것은 큰 도전이자 그만큼 중요한 일이라고 생각된다. 이 책이 현재 중국에서 진행 중인 모빌리티 혁신으로부터 새로운 기회를 발견하거나 관련 기업에 투자하려는 독자들에게 나침반 역할을 했으면 한다.

저자 윤재웅

Part 3

★

혁신을 이끄는
차이나 모빌리티 플레이어들

Part 4

★

코리아 모빌리티의
미래는

Part 1

가속화하는
모빌리티 혁명

피크 쇼크에 직면한
글로벌 자동차 산업

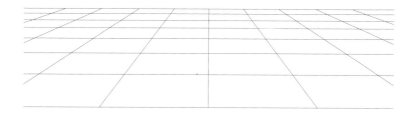

피크카 시대, 글로벌 자동차 산업의 변화

코로나19 팬데믹으로 글로벌 자동차 판매량이 급감했지만, 사실 '피크카Peak car'에 대한 우려는 수년 전부터 꾸준히 제기되어 왔다. '피크카'는 자원 고갈로 석유 생산이 정점을 찍고 하락하는 '피크오일Peak oil'에서 따온 신조어로, 자동차의 생산과 소비가 정점을 찍은 뒤에 급격하게 감소할 것이라는 전망을 반영한 용어다. 피크카는 자동차 판매가 경기 순환에 따라 일정한 주기로 오르내리는 현상이나 외부 요인에 따라 수요가 일시적으로 변하는 현상과는 근본적으로 다르다.

지금까지 자동차 산업을 떠받쳐 온 전제, 즉 자동차를 더 많이 생산해도 이를 받아줄 시장이 있다는 기대가 뿌리째 흔들리는 것이기 때문이다.

여기에는 산업 전반에 걸친 수요 위축이 그 중심에 자리 잡고 있다. 이렇게 전체 시장의 파이가 줄어들면 남은 몫을 차지하기 위한 경쟁이 치열해지고, 심지어 생존을 위한 출혈 경쟁으로 부실이 확대되는 악순환이 발생한다. 자동차는 대규모 투자가 필요한 장치 산업으로 국내총생산GDP과 교역에서 차지하는 비중이 높고 전·후방 파급효과가 커서, 충분한 대비 없이 피크카와 같은 거대한 변화를 맞이하게 되면 그 충격은 감당하기 어려울 만큼 클 것으로 예상된다.

글로벌 자동차 판매량은 2017년을 정점으로 뚜렷한 감소세로 돌아섰다. 글로벌 자동차 시장조사 업체인 LMC 오토모티브에 따르면 2017년 글로벌 자동차 판매량은 약 9,530만 대를 기록했으나 이후로 하락하기 시작했고, 코로나19 팬데믹이 발생한 2020년에는 약 7,760만 대로 전년 대비 무려 -14%나 감소한 것으로 나타났다. 포스트 코로나 시대로 접어든 2021년에는 판매량이 일부 반등하고 있지만, 반도체 공급 부족Shortage 등의 영향으로 이전의 고점을 회복하기에는 여전히 역부족인 모습이다.

그렇다면 2008년 글로벌 금융위기 이후에 수요가 다시 살아났던 것처럼 글로벌 자동차 수요가 다시 살아날 수 있을까? 잘 알려져 있듯이 글로벌 금융위기 여파로 급감했던 글로벌 자동차 수요는 각국의 경기부양책과 그에 따른 실물경제 회복에 힘입어서 2009년 이후 빠른 회복세를 나타냈다. 극심한 경기침체로 GM과 크라이슬러가 파산

글로벌 자동차 판매량 추이

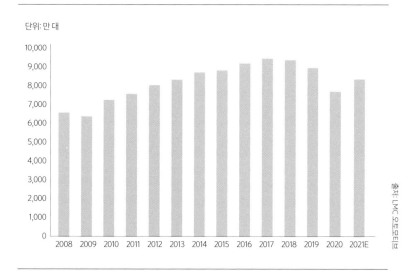

단위: 만 대

출처: LMC 오토모티브

2017년을 기점으로, 전 세계 자동차 판매량은 추세적인 감소세를 나타내고 있다. 경기 순환이나 외부 요인에 따라 수요가 일시적으로 줄어드는 현상이 아니라 자동차 산업을 둘러싼 구조적인 변화라는 점에서 피크카 우려가 커지고 있다.

보호 신청을 할 만큼 경영난이 심화되자 미국 정부는 적극적인 자동차 산업 구제조치를 펼쳤고, 이에 미국의 자동차 판매는 빠르게 반등했다. 당시 저금리와 저유가 기조가 지속된 것도 플러스 요인으로 작용했다. 이와 함께 글로벌 금융위기에 이은 재정위기로 어려움을 겪은 유럽도 보조금을 포함해 다양한 지원책을 시행하며 자동차 수요의 회복을 이끌었다. 무엇보다도 이 당시에는 세계의 공장에서 세계의 시장으로 변모한 중국의 역할이 컸다. 2008년 이후 중국은 글로벌 자동차 시장의 오아시스와 같은 존재였다. 중국은 글로벌 금융위기로 전 세계의 자동차 시장이 전례 없는 위기를 겪는 상황에서도 가파른 성장세를 거듭하며 글로벌 자동차 산업에 활력을 불어넣었다. 당시 중국 정부는 4조 위안(한화 약 720조 원)에 이르는 대규모 경기부양책으로 실물경제를 떠받치는 동시에 기차하향汽车下乡*과 이구환신以旧換新** 등 다양한 정책을 통해 자동차 수요 진작에 나섰다. 여기에 경제 성장에 따른 구매력의 향상으로 중산층을 중심으로 자동차 보급이 확산되는 현상인 모터라이제이션Motorization이 진행된 점도 자동차 판매량 증가에 일조했다. 이에 중국의 자동차 판매량은 가파르게 증가해 2009년부터는 미국을 제치고 세계 최대 자동차 시장으로 떠올랐으며, 선진국이 이끌어 왔던 글로벌 자동차 시장을 신흥국 중심으로 전환하는 데에도 주도적인 역할을 했다. 폭스바겐의 글로벌 판매 가운데 절반이 중국에서 이뤄질 만큼 글로벌 완성차 브랜드들의 중국 시장 의존도가 높아졌고, 가격 경쟁력과 품질 개선을 앞세운 로컬 완성차 업체들의 판매도 큰 폭으로 증가했다. 현대차그룹이 중국 시장에서 현대속도現代速度라는 신조어를 만들어낼 만큼 빠르게 성장할 수 있었던 것도 이러한 배경에서 연유했다.

하지만 이런 호조는 오래 지속되지 않았다. 우선 미국, 유럽 등 선진국 시장의 경우 대규모 부양책으로 미래 수요를 당겨쓴 데다 경기 둔화에 따른 구매력 저하로 자동차 산업이 전반적으로 부진한 모습을 보이기 시작했다. 글로벌 자동차 산업 트렌드를 주도하는 미국은

* 소형차를 구매하면 보조금을 주는 제도.
** 기존 차를 버리고 새로운 자동차를 구매하면 보조금을 주는 제도.

중국 자동차 판매량 추이

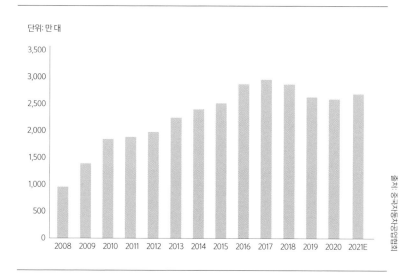

단위: 만 대

중국은 경제성장에 따른 구매력 증가로 2009년 이후 미국을 제치고 세계 최대 자동차 시장으로 떠올랐다. 하지만 중국 역시 2017년을 정점으로 자동차 판매량이 감소하는 모습을 보이고 있다.

2016년을 정점으로 자동차 판매량이 하락세로 접어들었고, 뒤이어 유럽의 자동차 판매량도 2017년부터 역성장을 거듭했다. 세계 최대 자동차 시장으로 떠오른 중국도 예외가 아니었다. 1990년대 이후 줄곧 증가세를 유지해왔던 중국의 자동차 판매량은 2018년에 처음 감소세로 전환한 뒤 이후 3년 연속 역성장했다. 중국 경제가 단순한 성장통 이상의 경기 하방 압력을 받으며 성장률이 추세적으로 하락하는 가운데, 공급 과잉과 수요 부진이 동시에 맞물렸기 때문이다. 교통체증과 환경오염 문제를 해결하기 위해 중국 정부가 자동차 번호판 발급 수를 제한한 것도 수요가 위축되는 데 한몫했다. 물론 이 기간 동안 중국의 자동차 핵심 수요처가 동부 연안의 1선 도시에서 중서부 지역의 2, 3선 도시로 이동했고, SUV와 전기차를 중심으로 로컬 기업들의 점유율이 높아진 것은 향후 중국 자동차 시장이 재편될 수 있는 발판을 마련했다는 점에서 긍정적으로 평가할 수 있다. 그러나 그럼에도 불구하고 중국 자동차 시장이 역성장하면서 완성차 업체는 물론이고 관련 산업과 고용 전반이 큰 타격을 입고 있다는 점은 부정할 수 없는 현실이다.

피크오일 역시 피크카와 맞물려 있다. 과거에는 경제성장으로 석유 수요는 지속해서 늘어나지만, 주요 산유국 유전의 노후화로 공급이 따라가지 못한다는 이른바 피크오일에 대한 우려가 주를 이뤘다. 그러나 지금의 현실은 정반대다. 신규 유전 발견과 수압파쇄Fracking 등 혁신적인 기술로 셰일오일 붐이 일어나며 공급 측면의 한계가 해소되고 있지만, 정작 석유 수요는 정점을 찍었다는 전망이 힘을 얻고 있다. 전체 석유 소비량의 40% 이상을 도로수송 부문이 차지하는 상황에서 엔진 효율이 급격하게 개선되며 석유를 덜 소비하게 된 데다 내연기관차 판매량마저 감소하고 있기 때문이다. 특히 전기를 동력으로 사용하는 전기차의 확산은 석유 수요 감소에 빼놓을 수 없는 요인이다. 글로벌 시장 예측 기관인 블룸버그 뉴 에너지 파이낸스BloombergNEF는 2040년까지 전기차가 하루 약 1,760만 배럴의 석유 수요를 대체하리라고 전망한 바 있다. 여기에 주요국의 신재생에너지 투자가 확대되고 탄소배출권 가격이 상승하면 석유 수요는 훨씬 더 비가역적으로 감소할 것으로 예상된다.

코로나19 팬데믹이 앞당긴 카마겟돈

이렇게 본다면 코로나19 팬데믹은 석유 수요 감소의 근본적인 원인이 아니라 이 같은 변화를 가속한 촉매제 역할을 한 것으로 평가할 수 있다. 코로나19 팬데믹 이후 전 세계적으로 이동과 산업이 일제히 멈춰 서면서 석유 수요가 급감한 측면도 있지만, 포스트 코로나 시대에 정착될 산업의 형태나 라이프 스타일이 과거처럼 석유를 많이 소모하는 형태가 되지 않을 가능성이 크기 때문이다.

2020년 사우디아라비아의 석유 기업인 아람코Aramco가 글로벌 시가총액 2위로 밀려난 데 이어서 미국의 대표적인 석유 기업인 엑손모빌Exxon Mobil이 92년 만에 다우존스 산업평균지수에서 퇴출당한 것은 지난 100여 년간 지속되었던 '석유의 시대'가 종식되고 있음을 보여준 상징적인 사건이다. 영국의 석유 기업인 브리티시 페트롤륨British Petroleum은 2020년 9월에 발표한 〈에너지 전망 2020Energy Outlook 2020〉 보고서에서 향후 글로벌 석유 수요가 코로나19 팬데믹 이전 수준을 회복하지 못하리라고 전망한 바 있다. 이에 글로벌 메이저 석유 기업들은 석유 관련 사업의 비중을 줄이고 신재생에너지 투자를 확대하는 등 사업 구조 재편에 나서고 있지만, 글로벌 산업 지형에서의 위상 하락과 대규모 감원 등 고강도 구조조정이 불가피할 것으로 예상된다.

전 세계 주요국에서 피크카 현상이 동시다발적으로 나타나고 있다는 것은 이 같은 변화가 일시적이거나 국지적인 요인에 의한 것이 아니라 복합적이고 구조적인 원인 때문이라는 것을 의미한다. 이를 하나씩 뜯어보면, 우선 경기 흐름이나 글로벌 이벤트와 같은 매크로 변수를 꼽을 수 있다. 자동차는 주택 다음으로 비싼 고가의 내구재인 만큼 경기와 고용시장의 동향에 큰 영향을 받는다. 경기가 부진해 양질의 일자리가 줄어들면 소비자들이 자동차를 구매할 여력이 없어지고 할부금융을 이용하기도 어려워지기 때문이다. 또한 2017년 이후 글로벌 경제성장률이 정체된 가운데 미국과 유럽 등 선진국의 대체시장으로 떠오른 신흥국의 성장률이 둔화한 것도 주된 요인으로 꼽을 수 있다. 여기에 미·중 무역분쟁과 같은 글로벌 이벤트로 소비심리가 위축된 점도 자동차 판매에 부정적인 영향을 미쳤다.

이러한 상황에서 발생한 코로나19 팬데믹은 '자동차'와 종말을 의미하는 '아마겟돈'의 합성어인 카마겟돈Carmageddon을 크게 앞당겼다. 셧다운과 부품 공급 차질로 생산이 지연된 것은 물론이고 소비 위축으로 글로벌 자동차 판매의 감소세가 더욱더 뚜렷해졌다. 특히 2008년 글로벌 금융위기 때와 달리 이번 코로나19 팬데믹에서는 내연기관차에 대한 주요국 정부의 부양책이 거의 전무했다. 자동차 산업은 거시경제와 고용 면에서 차지하는 비중이 커서 경제위기가 발생할 때마다 예외 없이 정부의 부양책이 뒤따랐다는 점을 감안하면 매우 이례적인 일이다.

유럽 최대의 자동차 생산국인 독일을 대표적인 예로 꼽을 수 있다. 독일 정부는 코로나19 팬데믹으로 위축된 민간 소비와 기업 투자를 촉진하기 위해 대규모 경기부양책을 내놨지만, 여기에는 독일 자동차 회사들이 요구한 내연기관차 관련 보조금은 포함되지 않았다. 대신 전기차 구매 보조금을 2배로 늘리고 전기차 충전소에 대한 투자를 대폭 확대했다. 자동차 산업이 독일 국내총생산에서 차지하는 비중이 14%로 상당히 높고 관련 고용 인원도 약 86만 명에 이른다는 점을 감안하면, 정책의 패러다임과 우선순위가 이전과는 완전히 달라졌음을 알 수 있다. 유럽연합EU 역시 2030년 탄소배출 감축 목표치를 상향 조정하면서 전기차 밸류체인에 대한 투자를 강화했고, 미국의 바이든 행정부도 기후변화 대응과 신산업 발전을 위한 그린 뉴딜Green New Deal 정책을 추진했다.

글로벌 자동차 수요가 포화상태에 이르게 된 데에는 라이프 스타일의 변화와 기술 혁신의 영향도 빼놓을 수 없다. 전 세계에 걸쳐서 도시 거주 인구가 증가하고 교통 정체가 심화되면서 자동차를 소유하는 대신 대중교통이나 차량공유를 이용하려는 수요가 빠르게 늘어나고 있다. 글로벌 컨설팅 업체인 KPMG에 따르면 미국에서 차량을 2대 이상 보유한 가구의 비중은 현재 57%에서 2040년에는 43%까지 낮아질 전망이다. 특히 젊은 세대를 중심으로 자동차를 소유의 대상이 아닌 원하는 곳으로 편리하게 이동시켜주는 수단으로 인식하는 경향이 확산되고 있다. 소득수준이 높지 않은 젊은이들의 입장에서는 출고되자마자 자산가치가 하락하고 출퇴근 시간을 제외하면 대부분 주차장에 세워두는 자동차를 굳이 소유해야 할 이유가 없기 때문이다.

차별적 흐름이 예상되는 글로벌 자동차 시장

더욱이 차량공유 플랫폼의 확산과 자율주행 기술의 발전은 이러한 추세를 가속하는 요인으로 작용하고 있다. 이들은 초기 택시 시장을 잠식하는 것을 넘어서 자동차 수요 자체를 위축시키고 있는데, 관련 연구에 따르면 운행 효율성 측면에서 공유차량 1대가 개인소유 차량 10대와 유사한 효과를 내는 것으로 분석되었다. 자동차 소유와 공유가 동시에 증가하기 어려운 이유다. 이에 더해서 각국 정부들도 가뜩이나 혼잡한 메가시티Mega city*에 필요 이상의 자동차가 운행되어 교통난이 가중되는 사태를 원하지 않고 있다.

　주목할 만한 점은 이 같은 차량공유 서비스가 선진국보다는 신흥국에서 더 큰 영향력을 발휘하고 있다는 것이다. 세계 최대 차량공유 플랫폼인 중국의 디디추싱滴滴出行과 동남아 모빌리티 시장을 장악한 그랩Grab, 인도판 우버로 불리는 올라Ola 등이 대표적인 예다. 사실 선진국의 경우 이미 대중교통 시스템이 잘 구축된 데다 관련 이익집단의 반발로 차량공유 서비스 사업 확장에 차질이 빚어지기도 한다. 이에 반해서 신흥국은 대중교통 시스템이 상대적으로 미비하고 차량 보급률이 낮을 뿐만 아니라 강한 이익집단이 형성되어 있지 않다. 특히 중국은 자동차 보급률이 낮고 새로운 모빌리티 산업의 성장에 필수적인 요소들, 즉 방대한 내수시장과 두터운 혁신 기업 생태계, 정부의 전폭적인 지원이라는 조건들을 골고루 갖추고 있다. 더욱이 차량공유 플랫폼 구축에 특별한 기술적 장벽이 있는 것이 아니라 위치기반 네트워크 등 이미 범용화된 기술을 잘 활용하면 된다는 점을 감안하면 중국을 비롯한 신흥국이 더 유리한 환경을 지니고 있다고 할 수 있다.

* 핵심 도시를 중심으로 일일 생활이 가능하도록 연결된 대도시권.

이런 점에서 볼 때 전 세계에서 차량공유 서비스가 가장 활성화된 국가가 중국이라는 사실은 전혀 놀라운 일이 아니다. 베이징, 상하이, 항저우와 같은 1, 2선 대도시는 교통체증이 극심하고 대중교통이 턱없이 부족한 데다 1980년대생을 뜻하는 빠링허우八零后, 1990년대생을 뜻하는 주링허우九零後로 대변되는 젊은 세대의 자동차에 대한 인식도 빠르게 변하고 있기 때문이다. 이미 중국에서는 디디추싱을 필두로 차량공유, 호출형 택시, 카풀 등 다양한 형태의 서비스가 일상화되었다. 중국의 자동차 보급률은 인구 1,000명당 186대로 선진국 대

2019년 주요국 자동차 보급률 현황

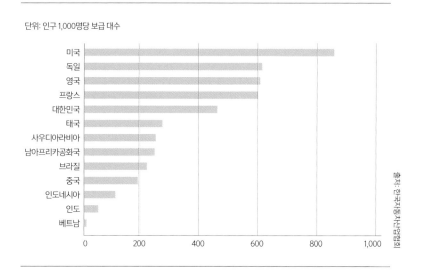

단위: 인구 1,000명당 보급 대수

출처: 한국자동차산업협회

중국은 주요국 가운데 인구수 대비 차량 보급 대수가 가장 낮은 축에 속한다. 하지만 이는 방대한 내수시장과 혁신 기업 생태계, 정부 지원 등과 맞물려 차량공유 서비스가 확산되는 데 유리한 환경을 제공한다.

비 훨씬 낮은 수준임에도 불구하고 자동차 수요가 벌써 둔화하기 시작한 것도 이런 사실과 밀접한 연관이 있다.

이를 감안하면 포스트 코로나 시대에도 전 세계 내연기관차 판매 부진이 지속될 가능성은 크다. 각국의 경기부양책으로 내연기관차 판매가 일시적으로 회복될 수도 있지만, 메가트렌드 관점에서 보면 장기 하락세를 벗어나기 어렵다. 주요국 경기와 고용여건이 코로나19 팬데믹 이전 수준으로 회복되기까지는 상당한 기간이 걸릴 것으로 예상되는 데다 코로나19 팬데믹이 생산자본과 노동력에 영구적인 손상을 가하면서 단기적인 수요 위축에 그치지 않고 자동차 산업의 성장 경로 자체를 변화시키는 결과를 초래할 수 있기 때문이다. 특히 개별 국가의 정책 여력과 경제 시스템의 복원력 유무에 따라서 국가별로 차별적인 회복세를 나타낼 것으로 전망된다.

중국의 경우 다른 국가에 비해 상대적으로 경제여건이 양호해 자동차 판매가 어느 정도는 회복될 수 있겠지만, 마찬가지로 과거와 같은 성장세를 기대하기는 어렵다. 더욱이 코로나19 팬데믹 이후로 주요국들이 2035년을 전후로 내연기관차 판매를 금지하겠다는 목표를 내세우고 있는 데다 완성차 업체들도 내연기관차 비중을 줄이면서 점차 모든 국가가 전기차, 자율주행차 등 미래 모빌리티 분야에 대한 투자를 크게 확대하고 있다. 내연기관차의 수요가 감소하는 것도 문제지만, 강화되는 환경규제로 완성차 업체들이 공급 자체를 줄일 수밖에 없는 상황이 된 것이다. 사실 완성차 업체들 입장에서는 미래 모빌리티 개발에 필요한 투자금을 확보하기 위해 수익성 높은 내연기관차의 판매를 일정수준 유지해야 할 필요성도 분명히 있다. 하지만 높아지는 환경규제 부담과 미래 모빌리티 주도권 경쟁이 점점 치열해지고 있다는 점을 감안하면 이들에게 내연기관차 관련 설비는 중장기적으로 미래 가치가 제로로 수렴하는 좌초자산Stranded asset •이 될 수밖에 없다. 글로벌 자동차 산업을 둘러싼 불확실성이 어느 때보다 커지고 있는 만큼, 패러다임 변화에 적응하는 기업과 국가만이 생존할 수 있는 환경이 펼쳐지고 있다.

• 시장 변화로 자산 가치가 점차 떨어져 상각되거나 부채로 전환되는 자산.

02

포스트 코로나 시대,
모빌리티 패러다임이 바뀐다

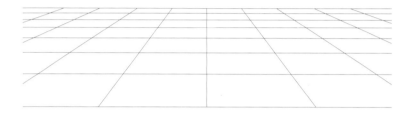

변화하는 모빌리티 시장 트렌드

자본주의의 역사를 돌이켜 보면 불황과 위기를 극복해낸 비결은 언제
나 새로운 시장과 기술 혁신이었다. 2010년대 중반부터 시작된 중국
과 미국 등 주요국의 자동차 수요 둔화는 글로벌 완성차 업계를 심각
한 위기로 몰아넣었다. 폭스바겐의 디젤 게이트* 여파로 내연기관차

• 　2015년 9월, 미국 환경보호청의 발표로 폭스바겐이 미국에서 판매하는 디젤 차량에 배기
　　가스 조작 장치가 장착된 사실이 밝혀졌고 이는 전 세계적인 스캔들로 이어졌다.

에 대한 신뢰도가 급격히 하락한 상황에서 장기 저성장과 환경규제 강화로 내연기관차의 입지는 갈수록 좁아졌다. 이에 포드가 2018년에 세단 승용차 생산을 중단한 데 이어서 GM도 북미 지역 5개 공장의 가동을 중단하고 대규모 인력 구조조정에 돌입했다. 오랫동안 라이벌 관계를 유지해 온 독일의 대표적인 자동차 회사인 다임러와 BMW가 차량공유와 전기차, 자율주행차 부문에서 협력하기로 한 것도 미래의 생존을 위해서라면 적과의 동침도 감수해야 한다는 절박함 때문이었다. 이탈리아와 미국의 합작 기업인 피아트 크라이슬러Fiat Chrysler Automobiles, FCA와 프랑스의 푸조·시트로엥Peugeot Société Anonyme, PSA이 비용 절감과 투자 여력의 확보를 위해 스텔란티스Stellantis로 합병된 것 역시 같은 맥락에서였다.

1장에서 강조했듯이, 2020년에 닥친 코로나19 팬데믹의 충격은 과거의 경제위기와는 다른 방향으로 글로벌 자동차 시장의 트렌드를 크게 바꿔 놓았다. 기존 내연기관차 판매를 촉진하기 위한 대규모 부양책이 나오는 대신에 자동차 시장의 세대교체를 가속화하는 환경이 조성된 것이다. 각국 정부가 추진한 그린 뉴딜 정책은 이 같은 변화의 촉매제였다. 글로벌 수요가 위축되면서 탈세계화와 보호 무역주의가 강화되었고, 환경에 대한 인식 전환으로 저탄소 기조가 본격화했다. 또한 코로나19 팬데믹으로 사회적 거리두기가 부각되며 일상생활의 전 영역에 걸쳐서 디지털 기술을 활용한 언택트 서비스가 확산되었다.

전통적인 제조업이었던 자동차 산업이 친환경 모빌리티 서비스업으로 진화하고 있는 것도 이러한 맥락에서다. 지금까지 차량호출이나 차량공유 서비스를 중심으로 성장해왔던 모빌리티 영역이 이제 음식 배달, 물류, 도심항공 모빌리티Urban Air Mobility, UAM 등 다양한 분야로 확장되고 있다. 그만큼 자동차 회사의 핵심 역량이 더 이상 내연기관과 같은 하드웨어 제조에 국한되지 않으며, 소프트웨어를 기반으로 한 다양한 서비스 제공이 갈수록 중요해지고 있다. 이런 상황에서 기존 완성차 업체들의 경쟁우위가 사라지면서 테슬라, 니오NIO를 위시한 신생 업체들과의 경쟁이 치열해졌고, 완성차 업체와 부품 업체 간의 역학관계에도 큰 변화가 생겼다. 여기에 모빌리티 서비스 시장이 커지고 산업 간의 경계가 무너지면서 테크 기업들도 대거 자동차 산업에 진출했다.

중국
디디추싱(차량공유, 차량호출)
샤오펑(자율주행)
포니닷에이아이(자율주행)

독일
고고(자율주행, EV)

한국
티맵모빌리티(MaaS, 차량호출)
카카오모빌리티(자율주행, 차량호출)
쏘카(차량호출)

미국
우버(차량공유)
웨이모(자율주행)
죽스(자율주행)

인도
올라(차량공유, 차량호출, 배달)

일본
오릭스(차량공유)

인도네시아
고젝(차량공유, 차량호출)

말레이시아
그랩(차량공유, 차량호출)

주요 국가별 대표 모빌리티 기업 현황. 모빌리티 선도국으로 자리 잡은 미국과 중국은 이미 혁신 기업들을 중심으로 자율주행 테스트 단계에 돌입했다.

더 나아가 자율주행 기술이 발전하면서 자동차가 이제 단순한 이동수단을 넘어서 전통 산업의 비즈니스 모델과 사람들의 라이프 스타일 변화를 이끄는 매개체로 떠오르고 있다. 젊은 세대를 중심으로 빠르게 확산되는 전동 킥보드와 도심의 고질적인 교통체증을 해소해줄 도심항공 모빌리티, 미래 모빌리티의 새로운 가능성을 보여줄 스마트 시티Smart city 등은 이러한 변화를 잘 보여주는 사례들이다.

미래 모빌리티 핵심 키워드, 케이스

미래 모빌리티 트렌드를 한마디로 요약하면 '케이스C.A.S.E.'(이하 케이스)로 표현할 수 있다. 케이스는 '연결성Connected', '자율주행Autonomous', '차량공유Shared&Service', '전동화Electric' 등 미래 모빌리티의 특징들을 압축한 신조어로, 모두 현재 진행 중인 모빌리티 혁신의 핵심축을 이루고 있다. 실제로 케이스를 구성하는 각각의 요소가 하나같이 자동차 산업을 뒤흔드는 메가톤급 변화를 주도하고 있다는 점에서 케이스는 모빌리티 혁신의 파급효과를 가늠하는 데 유용한 틀을 제공한다. 예를 들어 전동화는 내연기관차의 엔진과 변속기가 사라지고 모터와 감속기 등 새로운 부품 수요가 크게 늘어나는 것을 의미한다. 전기차의 심장인 배터리 수요의 급증도 필연적이다. 머지않은 미래에 전기차 배터리 시장 규모가 메모리 반도체 시장 규모를 뛰어넘으리라는 전망이 나오는 것도 이러한 배경에서다.

케이스의 개념 및 특징

C 연결성 Connected	– 5G 등의 통신 기술을 통해 차량의 내외부를 연결 – 무선 업데이트를 통해 차량의 소프트웨어, 하드웨어 업그레이드 가능 – 차량 운영체제, 인포테인먼트 등 새로운 부가가치 창출

A
자율주행
Autonomous
	– 운전자의 개입 없이 자동차가 스스로 판단하고 움직이는 것으로,
	  레벨0부터 레벨5까지 총 6단계 기술 수준으로 구분
	– 자율주행 기술은 차량공유, 커넥티드카와 시너지 효과를 일으키며
	  모빌리티 혁신을 주도할 것으로 전망

S 차량공유 Shared&Service	– 차량을 소유하지 않으면서도 언제, 어디서나 사용 가능 – 개인 소유 중심의 멀티유스에서 이용 상황에 맞춘 다양한 싱글유스로 자동차 소유가 변화 – 차량공유, 호출형 택시, 카풀 형태로 일상에서 광범위하게 활용되고 있음
E 전동화 Electric	– 기존 내연기관 엔진을 모터와 배터리로 교체 – 테슬라, 니오 등 혁신 기업들의 영향력 확대 – 각국의 환경규제 강화로 향후 전기차 시장 급증 전망

더욱이 커넥티드카Connected car●와 차량공유, 자율주행, 전기차는 각자 독립적으로 발전하는 것이 아니라 동시다발적으로 시너지 효과를 일으키면서 파괴력을 극대화한다. 무선 업데이트Over The Air, OTA 기능을 장착한 커넥티드카 덕분에 자율주행 기술의 혁신이 가속화되고 있고, 차량공유와 자율주행이 결합하면서 무인 자율주행 택시인 로보택시Robo taxi가 가능해지는 식이다. 포스트 코로나 시대에 전 세계가

●　정보통신 기술과 자동차를 연결해 양방향 소통이 가능한 차량. 커넥티드카 자체가 통신 기기가 된다는 의미에서 '거대한 사물 인터넷IoT 기기'라고도 한다.

주목하는 두 가지 화두로 '디지털 전환Digital transformation'과 '저탄소'를 꼽을 수 있는데, 이는 모빌리티 부문에서 지향하는 케이스의 종착점과 정확하게 일치한다.

케이스의 구성요소들을 하나씩 살펴보면 다음과 같다. 우선 '연결성'은 자동차를 차세대 이동통신인 5G와 결합함으로써 운전자에게 새로운 서비스를 체험하도록 해준다. 무선 업데이트를 통한 소프트웨어 업데이트만으로도 차량에 새로운 기능을 추가하고 자율주행 성능을 향상시킬 수 있게 된 것이다. 기존의 내연기관 자동차는 출시된 이후에 내외부 디자인을 개선하거나 하드웨어적인 옵션이 추가된 부분 변경 모델이 나오면서 상품성이 유지되는 것이 일반적이었다. 이에 비해 커넥티드카는 스마트폰이 새로운 버전의 운영체제를 업데이트하듯이 소프트웨어 업데이트를 통해 차량 주행거리를 늘리고, 탑승자가 선호하는 인포테인먼트를 제공하면서 새로운 부가가치를 만들어낸다. 차량에 탑재된 대형 디스플레이를 통해 게임을 실행하거나 넷플릭스, 디즈니플러스와 같은 OTTOver The Top 서비스를 이용할 수도 있고 간편결제시스템의 도입으로 카 커머스Car commerce도 가능해진다.

자동차가 단순히 이동을 위한 도구를 넘어서 휴식과 업무 공간으로 탈바꿈하고 있는 상황에서 이 같은 기능이 더욱 중요해질 수밖에 없다는 점을 감안하면, 커넥티드카는 관련 기업들이 새로운 수익원을 창출할 수 있는 강력한 플랫폼으로 자리매김할 것으로 예상된다. 기존 내연기관차들이 출고된 이후부터 감가상각이 크게 발생하는 데 비해서 커넥티드카의 선봉인 테슬라의 경우 중고차 가격이 좀처럼 내려가지 않는 것도 이 때문이다. 또한 차량·사물 간 통신Vehicle to Everything,

V2X을 통해 차량과 차량, 차량과 인프라가 실시간으로 정보를 주고받으며 교통신호를 조정하고 불필요한 교통혼잡을 방지함으로써 보다 안전하고 편리한 주행환경을 제공하는 것도 커넥티드카의 큰 장점이라고 할 수 있다.

이처럼 자동차 부가가치의 중심이 하드웨어에서 소프트웨어로 옮겨 가면서 글로벌 완성차 업체들 역시 소프트웨어에 대한 투자를 확대하고 있다. 소프트웨어와 운영체제의 중요성이 커지면서 기존 자동차 산업의 밸류체인이 급속하게 해체되고 있기 때문이다. 지금까지 자동차용 소프트웨어 업데이트라고 하면 내비게이션이나 주행보조시스템과 관련된 기능을 일부 개선하는 정도에 그쳤지만, 이제는 무선 업데이트를 통해 자동차 성능의 핵심인 엔진 출력을 향상시키고 부품 상태를 실시간으로 점검할 수 있을 정도로 진화했다. 기존 내연기관 자동차라면 엔진을 통째로 교체하거나 정비 센터를 방문하지 않고는 해결하기 힘든 일이었다. 이제 스마트폰이나 PC와 같은 IT 제품처럼 운영체제를 업그레이드하면 구동 속도와 배터리 효율이 향상되고 새로운 기능이 추가되는 현상이 자동차에서도 일어나고 있다.

이 같은 상황에서 기존 완성차 업체들이 자동차의 두뇌이자 부가가치의 원천인 소프트웨어 경쟁력에서 뒤처지면 결국 모빌리티 플랫폼 업체에 하드웨어를 제공하는 주문자위탁생산OEM 업체로 전락할 가능성이 크다. 최근 도요타가 '소프트웨어 퍼스트Software first'를 선언하고 2022년까지 전사 조직을 소프트웨어 중심으로 재편하기로 한 것도 이런 이유에서다. 하드웨어 혁신에만 전념하던 관행에서 벗어나 자체적인 소프트웨어 개발 역량을 키워서 신생 모빌리티 업체들의 공세에 대응하겠다는 것이다. 폭스바겐 역시 2020년에 카 소프트웨어 Car software 사업부를 설립해 클라우드 환경에서 커넥티드카 서비스를 제공할 수 있는 자체 운영체제VW.OS의 개발을 추진하고 있다. 이를 위해 2025년까지 디지털 R&D 인력을 10,000명으로 늘리고 70억 유로(한화 약 9조 4,000억 원) 이상의 자금을 투자하기로 했다.

둘째, '전동화'는 자동차 산업뿐만 아니라 에너지 산업을 송두리째 바꾸는 게임체인저 역할을 할 것으로 예상된다. 잘 알려진 것처럼 전기차는 연료를 동력으로 전환하는 과정에서 일산화탄소, 질소산화물, 미세먼지 등의 대기오염 물질을 배출하지 않는다. 또한 내연기관차에 비해 부품 수가 약 3분의 1 수준에 불과하기 때문에 전동화가 진행될수록 자동차 산업 전반에 걸친 대규모 구조조정이 불가피해진다. 이와 함께 전기차는 인터넷과 연결되어 스마트카로 쉽게 변환할 수 있고, 다른 IT 제품과 마찬가지로 속도 조절, 성능 제어 면에서 응답성이 빠르다. 그리고 배터리 용량, 내구성 면에서 내연기관차에 비해 모빌리티 산업의 최종 목표인 자율주행 기술을 적용하는 데 있어서도 훨씬 유리하다. 또한 파워트레인(동력전달장치) 구조가 단순하고 배터리가 차량 하부에 평평하게 깔리기 때문에 실내 공간이 넓고 디자인 자유도가 높아서 자율주행 기술이 접목된 목적기반차량Purpose Built Vehicle, PBV에도 적합하다. 더욱이 글로벌 자동차 산업 전반이 수요 둔화에 직면한 상황에서, 매년 급성장하는 전기차 판매량은 피크카 쇼크를 극복할 수 있는 유일한 돌파구라고 할 수 있다. 블룸버그 뉴 에너지 파이낸스에 따르면 2020년에는 2.7%에 불과했던 글로벌 자동차 시장의 전기차 점유율이 2030년에는 28%, 2040년에는 58%로 급격하게 상승할 것으로 전망된다. 즉, 20년 안에 글로벌 자동차 시장에서 판매되는 신차의 절반 이상이 전기차가 될 것이라는 의미다.

전 세계적으로 전기차 판매가 늘어나는 것은 주요국들이 기후변화에 대응해 내연기관차 관련 규제를 대폭 강화하고 있기 때문이다. 2021년 7월 유럽연합은 탄소국경세를 핵심으로 하는 탄소배출 감축 정책인 '핏 포 55Fit for 55'를 발표했다. 여기에는 2030년까지 탄소배출량을 1990년 대비 55% 줄이는 것과 함께 2035년 이후 유럽 내에서 내연기관차 판매를 금지하는 내용이 담겨 있다. 탄소배출량의 상당 부분을 차지하는 운송 분야를 규제하지 않으면 2050년 탄소중립 Net-zero 목표를 달성하기 어렵다는 위기감이 크게 작용한 것이다. 이에 앞서 영국은 당초 2035년으로 예정되어 있던 내연기관차 판매 금지 연도를 2030년으로 앞당겼으며, 유럽 최대 자동차 생산국인 독일 역시 2030년부터 내연기관차 판매를 금지하는 동시에 전기차 보조금 지원기간을 기존 2022년에서 2025년까지로 연장했다.

세계 최대 탄소배출국인 중국도 예외가 아니다. 중국은 2030년을 정점으로 탄소배출량을 감축하고 2060년까지 탄소중립을 달성하겠다는 목표를 제시했고, 이를 위해 2030년까지 1차 에너지원에서 비화석연료가 차지하는 비중 목표치를 기존 20%에서 25%로 상향 조정했다. 또한 현재 5% 수준인 전기차 보급률을 2025년까지 20%로 끌어올리고, 2035년부터는 내연기관차 생산을 중단하겠다고 밝혔다. 이와 함께 기후변화 대응에 소극적이었던 미국도 대대적인 정책 전환에 나서고 있다. 지구온난화를 부인했던 트럼프 정부와 달리 2021년에 출범한 바이든 정부는 친환경 정책에 대규모 예산을 투입하면서

주요국 내연기관차 신차 판매 중단 규제 시점

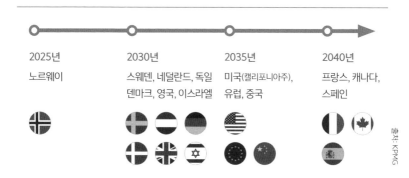

2025년
노르웨이

2030년
스웨덴, 네덜란드, 독일
덴마크, 영국, 이스라엘

2035년
미국(캘리포니아주),
유럽, 중국

2040년
프랑스, 캐나다,
스페인

출처: KPMG

2025년 노르웨이를 시작으로 2030년 스웨덴, 네덜란드, 독일 등이 내연기관차 신차의 판매 금지를 선언했다. 2035년부터는 미국 캘리포니아주, 유럽, 중국 등 주요국에서도 내연기관차 퇴출 움직임이 본격화할 것으로 예상된다.

2030년까지 신차 판매 중 전기차 비중을 50%로 늘리겠다고 선언했다. 한국 역시 2050년까지 탄소중립을 달성하겠다고 선언하고 전기차, 배터리, 태양광, 풍력과 같은 산업을 육성하며 전 세계 그린 뉴딜의 흐름에 동참하고 있다. 이처럼 유럽과 미국, 중국 등 세계 경제의 3대 축을 비롯한 주요국들이 앞다퉈 탄소중립 정책을 시행하고 친환경·신재생에너지 육성책을 추진하는 것은 역사상 처음 있는 일로, 향후 전기차를 포함한 관련 산업의 구조적인 성장이 예상된다.

한편, 코로나19 팬데믹은 글로벌 자동차 시장의 전동화 트렌드를 한층 가속화했다. 경기침체로 내연기관차 판매가 줄어들면서 그 자리를 대신하는 전기차 침투율이 급증했고, 테슬라와 같은 스타 플레이어가 전기차 시장의 확대를 주도했기 때문이다. 글로벌 완성차 업체들 역시 이 같은 기조에 맞춰서 전기차 보급 확대에 적극적으로 나서고 있다. 주요 완성차 업체들이 잇따라 내연기관차 생산 중단 계획을 밝히는 가운데, 전기차 시장 선점을 위한 경쟁이 본격화되며 2022년까지 500종 이상의 전기차 모델이 출시될 것으로 예상된다. 불과 몇 년 전만 해도 주요국의 강화된 환경규제에 수동적으로 따라갔던 완성차 업체들이 이제는 테슬라가 주도하는 모빌리티 시장의 변화에 뒤처지지 않기 위해 전력 질주하는 모습이다.

대표적인 예로 포드는 2025년까지 전기차 개발 및 생산에 300억 달러(한화 약 33조 원)를 투자하고 2030년까지 전 세계 포드 차량의 40%를 전기차로 전환하겠다는 계획을 밝혔다. GM도 2035년부터 내연기관차 생산 및 판매를 아예 중단하기로 했는데, 이를 위해 2025년까지 전기차 및 자율주행차에 270억 달러(한화 약 30조 원)를 투자하고 30여 종의 전기차 모델을 출시할 예정이다. GM의 전체 매출에서 내연기관차가 차지하는 비중이 98%에 이른다는 점을 감안하면 이는 매우 과감한 결정이다. 폭스바겐 역시 2028년까지 70종의 전기차 모델을 생산하고 2030년까지 신차의 50%를 전기차로 판매하기로 했으며, 현대차도 2040년부터 글로벌 주요 시장에서 순수 내연기관차 판매를 중단하고 전기차 판매에 집중하겠다고 밝혔다. 이에 뒤질세라 중국의 완성차 업체들도 전기차로 전환하는 데 속도를 내고 있다. 중국 최대 자동차 제조업체인 상하이자동차上海自動車는 2025년까지 100여 종의 전기차를 생산할 계획이며, 중국 전기차 3인방인 니오, 샤오펑Xpeng, 리오토Li Auto도 공격적인 투자에 나서면서 새로운 모델 출시에 전력하고 있다.

전기차 시장 확대의 걸림돌이었던 높은 가격 부담도 빠르게 줄어들고 있다. 배터리 가격이 가파르게 하락하고 완성차 업체의 전기차 전용 모델이 속속 출시되고 있기 때문이다. 배터리는 전기차 원가의 40%가량을 차지하는데, 전기차가 내연기관차와 비교해 가격 면에서 경쟁력을 갖추기 위해서는 배터리 가격이 프라이스 패리티Price parity● 인 킬로와트kWh당 100달러 수준에 도달해야 한다. 전 세계적으로 전기차 시대가 본격적으로 열리게 될 시점도 이와 맞물려 있다. 실제로 2010년 초반까지만 해도 킬로와트당 1,000달러를 상회했던 배터리 가격은 지속적인 수요 확대와 기술 혁신에 힘입어 2021년에는 140달러까지 하락했다. 이 같은 흐름은 에너지 밀도 개선과 대량 생산 체제 구축에 힘입어 앞으로도 지속될 가능성이 높으며, 2030년에는 배터리 가격이 킬로와트당 60달러 초반대로 하락할 것으로 예상된다.

이와 함께 주요 완성차 업체들이 전기차 전용 플랫폼을 출시하고 있다는 점도 전기차 시장에 긍정적인 소식이다. 이제까지 완성차 업체들이 생산한 전기차는 기존 내연기관차 플랫폼에 전기모터와 배터리를 탑재하는 방식이었다. 이런 방식으로는 전기차에 최적화된 설계 및 부품 배치가 어렵다 보니 에너지 효율과 성능이 떨어질 수밖에 없었다. 하지만 폭스바겐의 MEBModular Electric Drive를 필두로 GM의 BEV3Battery Electric Vehicle3, 현대차의 E-GMPElectric-Global Modular Platform, 지리자동차吉利汽车의 SEASustainable Experience Architecture와 같은 전기차 전용 플랫폼이 출시되면서 완성차 업체들의 전기차 시장 공략이 본격화

● 전기차와 내연기관차의 가격이 동일해지는 지점.

되고 있다. 이처럼 전기차에 최적화된 전용 플랫폼이 개발되면 다양한 이점이 발생한다. 우선 핵심 부품의 모듈화와 표준화로 제조공정이 단순화되면서 원가를 크게 절감할 수 있다. 또한 대용량 배터리가 차량 하부에 설치되므로 주행 안정성이 향상되고, 에너지 효율이 극대화되면서 주행거리도 늘어나게 된다. 여기에 한 번 개발된 전기차 전용 플랫폼은 이후에 양산되는 다양한 전기차 모델에 적용할 수 있어 규모의 경제Economies of Scale 효과를 누릴 수 있고, 전기차 플랫폼을 다른 업체에 제공할 경우 자사 전기차 생태계를 확장해 새로운 비즈니스 모델을 창출할 수 있게 된다.

셋째, '차량공유'는 자동차와 사용자를 연결해 최적화된 이동을 제공하는 것으로 IT 기술의 발전으로 탐색 비용과 거래 리스크가 이전에 비해 크게 줄어들면서 모빌리티 산업 중에서 가장 보편화된 서비스로 자리 잡았다. 자동차 수요가 개인 소유 중심의 멀티유스Multi-use에서 다양한 이용 목적에 특화한 싱글유스Single-use로 변화하는 데 기여한 일등공신도 다름 아닌 차량공유다.* 실제로 차량공유, 호출형 택시, 카풀 등 다양한 플랫폼이 이미 대중화되었으며, 이는 커넥티드카, 전기차, 자율주행차와 결합해 수익모델을 극대화할 것으로 예상된다. 손정의 회장이 이끄는 소프트뱅크가 우버(미국), 디디추싱(중국), 그랩(동남아), 올라(인도) 등 전 세계 주요 권역별 1위 플랫폼 업체에 막대한 자금을 투자해 전 세계 차량공유 플랫폼을 장악한 것도 차량공유

---

* 엑센츄어 전략컨설팅본부 모빌리티팀 지음, 류두진 옮김, 《모빌리티 3.0》, 북커스, 2021년 3월.

비즈니스의 거대한 성장 잠재력을 간파했기 때문이다. 차량공유 비즈니스의 가치는 기존 자동차 산업의 비효율성을 얼마나 개선하느냐에 따라 결정된다. 실제로 자동차는 주택 다음으로 비싼 자산임에도 불구하고 전체 보유시간 중 95%가 주차된 상태로 있을 만큼 활용도가 낮다. 또한 러시아워 등 특정 시간대에 따라 수요와 공급 간의 차이가 크다. 이런 유휴 자산의 가동률을 높이기 위해서는 최적화된 인센티브와 추가적인 서비스 제공이 필요하며, 이로부터 발생하는 새로운 부가가치를 선점하기 위해 글로벌 차량공유 플랫폼들 사이에서 치열한 경쟁이 격화되고 있다.

차량공유는 단순히 택시 시장을 대체하는 것이 아니다. 차량공유의 핵심 경쟁력은 최적화된 경로 설정과 실시간 가격책정 알고리즘에 있다. 즉, 현재 교통상황과 이동시간을 고려해 최적의 경로를 파악하고, 운전자와 이용자가 수용할 수 있는 가격을 책정하는 것이 관건이다. 그리고 이 같은 시스템의 경쟁력은 플랫폼 참여자들이 많아질수록 커진다. 또한 대규모로 축적된 데이터는 손쉽게 파생 비즈니스로 연결되는데, 차량공유에 필요한 개인신용 데이터를 결제시스템 구축에 활용할 수 있고 최적화 경로 데이터를 물류배송 서비스나 O2O^{On-line to Offline} 비즈니스에 이용할 수도 있다. 동남아 최대 차량공유 업체인 그랩이 차량호출 서비스에서 시작해 음식 배달, 집 청소, 의약품 배달, 모바일 결제 서비스로 사업 영역을 확장하며 슈퍼앱**으로 성

●● 다양한 서비스를 지원하는 애플리케이션을 통해 앱 하나로 모든 생활서비스를 제공하는 앱.

장한 것도 이러한 메커니즘이다.

　마지막 키워드인 '자율주행'은 모빌리티 산업의 최종 목적지이자 최대 격전지다. 인공지능과 5G, 클라우드 등 4차 산업혁명의 핵심 기술이 응축된 영역으로, 모든 모빌리티 관련 기업이 주도권을 잡기 위해서 치열하게 경쟁하는 분야이기도 하다. 실제로 미래 모빌리티 시장에서는 자율주행차 경쟁에서 밀리면 생존을 장담할 수 없는 상황이 전개되고 있다. 글로벌 컨설팅 업체인 KPMG에 따르면 2020년에 71억 달러(한화 약 8조 5,000억 원)였던 글로벌 자율주행차 시장 규모가 2035년이 되면 이보다 150배 이상 증가한 1조 1,204억 달러(한화 약 1,334조 원) 규모에 이를 전망이다.

　앞서 언급한 차량공유만 하더라도 자율주행차와 결합해야만 수익성이 극대화될 수 있다. 차량공유 서비스의 비즈니스 모델은 최대한 승객을 많이 태우고 쉬는 시간 없이 운행할 때 높은 수익성이 담보된다. 하지만 운전자가 사람일 경우 체력적인 한계 때문에 운행시간이 제한될 수밖에 없고, 무엇보다 전체 매출 가운데 70%를 운전자에게 지급해야 하는 만큼 비용 부담이 커진다. 그런데 차량공유 서비스의 운전을 자율주행차가 맡으면 이런 문제점이 대부분 해소된다. 즉, 자동차가 스스로 운전하기 때문에 24시간 내내 운행할 수 있고, 운전석을 비울 수 있어서 더 많은 탑승객을 태울 수 있다. 여기에 운전자에게 지급되는 비용도 자율주행으로 사라지기 때문에 차량공유 업체의 수익성이 극적으로 개선될 수 있다. 뿐만 아니라 차량 사고가 현저히 줄어들기에 차량보험료가 감소하고, 전기차 기반의 자율주행차가 확산되면 비싼 유류비가 저렴한 전기요금으로 대체되어 유지·보수비도 내연기관차에 비해 크게 줄어든다. 소비자 입장에서도 차를 직접 소유하는 것보다 필요할 때마다 차량공유 서비스를 이용하는 것이 훨씬 경제적이기 때문에 차량공유 서비스를 더 많이 이용하게 되는데, 이는 자연스럽게 차량공유 업체의 가동률을 높여 수익성을 향상하는 선순환 구조를 만들게 된다. 그리고 이러한 변화는 차량 소유에 쏠려 있던 무게추를 차량공유로 빠르게 이동시키는 티핑포인트Tipping Point가 될 것으로 예상된다.

중요한 점은 이렇게 될 경우 자동차는 더 이상 구매하는 동시에 감가상각이 일어나는 소비재가 아니라, 계속해서 수익과 부가가치를 창출해내는 생산재로 탈바꿈하게 된다는 것이다. 모빌리티 업체 입장에서도 소비자들에게 차량을 판매할 때만 수입이 발생하는 것이 아니라 차량 생애 주기에 걸쳐서 소프트웨어 업그레이드, 인포테인먼트, 금융 등 다양한 서비스에 대한 과금모델을 적용할 수 있다.

물론 아직까지 전 세계 모빌리티 기업들의 자율주행 기술은 이제 막 출발선을 넘어선 단계에 불과하다. 자율주행차는 첨단운전자보조시스템Advanced Driver Assistance Systems, ADAS과 차량·사물 간 통신 기능은 물론이고 다양한 돌발 상황에 대처할 수 있는 능력을 지녀야 한다. 인공지능, 5G, 차량용 반도체, 센서 등 최첨단 기술의 융복합이 중요한 이유다. 참고로 국제 표준으로 통용되는 미국자동차공학회Society of Automotive Engineers, SAE 기준에 따르면 자율주행은 총 6단계로 구분된다. 레벨0은 운전자가 모든 운전을 제어하는 전통적인 주행 방식이고, 레벨1과 레벨2는 운전자가 직접 상황을 판단하고 운전에 개입하는 상황에서 일부 시스템이 가·감속, 차로 유지 등 주행을 보조하는 수준이다. 이에 비해 레벨3은 자율주행 시스템이 운전을 주도하는 상황에서 필요시에만 운전자가 개입하게 되는 부분 자율주행으로 스스로 차선 변경을 하고 내비게이션 목적지를 기반으로 고속도로 등 일정 구역에서 자율주행을 할 수 있는 정도를 의미한다. 현재 출시된 차량의 자율주행 기술은 대부분 레벨2 수준이며, 테슬라가 레벨3 상용화에 근접한 상태다. 한편 레벨4는 돌발 상황에 대비해 운전자가 운전석에 앉아 있어야 하지만, 사실상 개입이 필요 없는 조건부 완전 자율주행으로 차량 여러 대가 대열을 이뤄 주행하는 군집 주행도 가능하다. 그리고 마지막 단계인 레벨5는 모든 도로와 어떤 상황에서도 시스템이 운전을 담당하는 완전 자율주행을 의미한다.

이처럼 자율주행 레벨이 높아진다면 당연히 관련 산업의 규모도 커질 수밖에 없다. 교통상황을 인지하는 카메라, 라이다Lidar와 같은 센서와 위치 인식에 필요한 고정밀 지도, 인지된 신호들을 바탕으로 차량의 움직임을 결정하는 소프트웨어 알고리즘 및 차량용 반도체, 그리고 내려진 결정을 실제 차량에 적용하기 위해 필요한 제동 및 조향장치 등이 대표적인 관련 산업 분야다. 실제로 레이저 센서를 통해 3차원 공간정보를 인식하는 첨단광학 장비인 라이다의 경우 루미나Luminar와 벨로다인Velodyne 같은 미국 업체들이 시장을 선도해왔는데, 최근에는 바이두Baidu, 화웨이, DJI大疆 등 중국 기업들도 기술력을 끌어올리며 제품 양산을 본격화하고 있다. 중국의 첸잔산업연구원前瞻产业研究院에 따르면 중국의 라이다 시장 규모는 2021년 2억 3,000만 위안(한화 약 414억 원)에서 2026년에는 431억 8,000만 위안(한화 약 7조 8,000억 원)으로 급증할 전망이다. 이와 함께 자율주행 인프라 구축에 필요한 5G 통신망 및 관제 시스템, 자율주행차에서 생성되는 막대한 데이터를 처리하기 위한 고성능 클라우드 서버 등의 산업도 고성장할 것으로 예상된다.

더욱이 지금까지 자율주행차가 주로 사람의 이동에 초점을 맞추었다면, 앞으로는 택배 및 음식 배달에도 적극적으로 활용될 것으로 예상된다. 전자상거래 시장이 급성장하면서 배송기간을 단축하고 전체 물류비용의 50~60%가 소요되는 '라스트 마일Last mile'● 비용을 절감하기 위해 관련 업체들이 자율주행 기술에 공격적으로 투자하고 있기 때문이다. 자동차 부품 업체인 콘티넨탈이 개발한 자율주행 로보택시 큐브Continental Urban Mobility Experience, CUbE가 대표적인 예다. 로보택

글로벌 기업들은 물류에서 가장 많은 비용이 들어가는 라스트 마일 배송을 혁신하기 위해 많은 노력을 기울이고 있다. 자동차 부품 업체인 콘티넨탈이 개발한 자율주행 로보택시 큐브가 대표적인 예로, 캐스케이딩 로봇을 활용해 배송 효율을 높이고 비용을 절감하는 효과를 얻는다.

● 주문한 물건이 유통 과정을 거쳐 고객에게 배송되기 바로 직전의 단계.

시가 목적지에 도착하면 배송기사 대신 개처럼 생긴 캐스케이딩 로봇이 라스트 마일을 담당하는 장면은 더 이상 공상과학이 아닌 현실의 모습이다. 실제로 코로나19 팬데믹으로 사회적 거리두기가 시행되었을 때 중국의 자율주행 배송 업체인 네오릭스Neolix는 의약품과 음식 배달 서비스를 제공했으며, 아마존 역시 자율주행 스타트업인 죽스ZOOX를 인수해 로보택시를 활용한 무인배송에 나서고 있다.

격변하는 글로벌 모빌리티 시장

이 같은 변화는 기존 완성차 업체들에게 심각한 위협일 수밖에 없다. 전기차와 자율주행차의 부상으로 오랫동안 축적된 노하우와 핵심 기술이 집약된 내연기관 엔진이 필요 없어지면서 진입장벽이 크게 낮아진 데다 소프트웨어가 갈수록 중요해짐에 따라 자동차 업계를 둘러싼 게임의 룰이 통째로 바뀌고 있기 때문이다. 실제로 최근 구글, 아마존, 바이두, 알리바바와 같은 테크 기업들이 모빌리티 시장에 경쟁적으로 뛰어들어 자율주행을 포함한 플랫폼 생태계 선점에 나서고 있다. 특히 코로나19 팬데믹 이후에는 글로벌 모빌리티 혁신의 주도권이 기존 완성차 업체에서 테슬라와 같은 신생 업체로 넘어갔다. 전례 없는 경기침체로 큰 타격을 입은 기존 완성차 업체들이 회복에 매진하는 사이에, 역동성을 갖춘 신생 업체들이 기술 혁신으로 모빌리티 산업의 미래 방향성을 제시하고 있다. 글로벌 모빌리티 시장이 격변의 시기를 맞으면서 변화에 적응하지 못하는 기업은 생존을 장담하기 어려운 상황이 된 것이다.

이렇게 본다면 이제 자동차 산업에 대한 관점과 가치평가 기준도 바뀌어야 한다. 지금까지 자동차 산업은 전통적인 제조업 중심의 비즈니스 모델이 주를 이뤘다. 대규모 설비투자로 감가상각 비용이 컸고 서비스 부문의 수익은 미미해 영업이익률이 낮을 수밖에 없는 구조였다. 그러다 보니 주식시장에서도 밸류에이션 기준인 주가수익비율PER이 한 자릿수에 그치고 주당순자산비율PBR도 1배를 넘지 못하는 경우가 부지기수였다. 하지만 이제는 상황이 달라졌다. 모빌리티 혁신이 전기차를 넘어서 자율주행차 영역으로 진화하면서 비즈니스 모델이 제품 중심에서 서비스 중심으로 전환되고 있기 때문이다. 동시에 소프트웨어와 운영체제의 중요성이 커지면서 무형 자산의 비중도 빠르게 높아지고 있다. 콘텐츠 등 인포테인먼트 시스템의 확장도 이 같은 추세를 가속화하는 요인이다. 더욱이 주동력원이 화석연료에서 전기에너지로 바뀌면서 핵심 경쟁력 역시 엔진과 변속기 등의 내연기관 기술에서 배터리, 모터, 인버터 등의 전동화 관련 기술로 옮겨가고 있다. 이에 지금까지 자동차 산업의 핵심축이었던 차체 판매와 유지·보수는 케이스로 대변되는 모빌리티 서비스를 제공하기 위한 하위 구성요소로 자리매김하며 그 중요성이 크게 감소하고 있다.

따라서 모빌리티 산업과 관련 기업에 대한 가치평가도 새로운 방식으로 이뤄질 필요가 있다. 즉, 여전히 내연기관차에서 수익의 95% 이상을 창출하는 기존 완성차 업체들의 기업가치는 과대평가된 반면, 성장성과 비즈니스 확장 가능성이 높은 미래차 업체의 기업가치는 과소평가되어 있다. 내연기관차를 얼마나 많이 팔았는지를 기준으로 기업가치를 평가할 날도 얼마 남지 않았다. 강화되는 환경규제와 미래차 시장을 선점하려는 기업들 때문에 내연기관차는 점차 사라질 운명에 처해 있기 때문이다. 이 같은 현실은 이미 완성차 업체의 밸류에이션에 상당 부분 반영되어 있다. 기업의 가치는 미래 현금 흐름에 기반하는데, 향후 내연기관차 판매가 0으로 수렴할 것으로 전망되는 상황에서는 지금 내연기관차가 아무리 잘 팔려도 밸류에이션 측면에서 디스카운트 요인으로 작용할 수밖에 없기 때문이다. 이에 비해 좌초자산이 없고 혁신 기술을 주도하는 모빌리티 기업은 미래 가치를 높게 평가받고 있으며, 이 같은 경향은 앞으로도 지속될 것이다.

무엇보다 이 같은 상황은 내연기관차 부문에서 열세를 보였던 중국에 커다란 기회 요인으로 작용하고 있다. 레거시 코스트가 낮은 탓에 미래 모빌리티로 전환할 때 발생하는 저항과 마찰이 다른 국가들에 비해 상대적으로 적고, 14억 인구로 이뤄진 거대한 내수시장과 플랫폼 비즈니스에 특화된 테크 기업들이 전기차 산업을 뒷받침하고 있기 때문이다. 여기에 중국 정부는 미래 모빌리티 산업에서 주도권을 확보하기 위해 적극적인 지원 정책을 펼치고 있다. 그 결과 테크 기업이 주요 주주로 있는 니오, 샤오펑, 리오토 등 로컬 업체뿐만 아니라 상하이에 기가팩토리를 건설한 테슬라 역시 판매량과 실적이 빠르게 향상되고 있다. 여기에 바이두, 위라이드Weride와 같은 자율주행 업체의 로보택시 서비스는 이미 상용화에 돌입한 상태다. 이 같은 변화의 파급효과는 중국을 넘어서 전 세계로 확대되고 있다. 자동차를 주력 산업으로 삼고 있는 한국도 예외가 아니다. 이에 다음 장부터는 중국 모빌리티 산업의 변화와 혁신에 대해 본격적으로 살펴보도록 하겠다.

Part 2

지금 차이나 모빌리티를
주목해야 한다

03

차이나 모빌리티,
패스트 팔로워에서 퍼스트 무버로

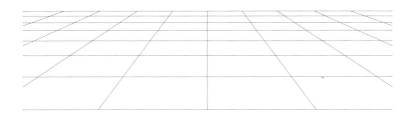

모빌리티 강국으로 탈바꿈하는 중국

불과 몇 년 전만 해도 베이징, 상하이 등 중국 주요 도시의 도로에서
제대로 된 로컬 브랜드 자동차를 구경하기 어려웠을 정도로 중국 자
동차 산업의 경쟁력은 열악한 수준이었다. 로컬 브랜드가 만든 자동
차는 가격만 저렴할 뿐이지 품질과 디자인이 조악했고, 이들의 자체
적인 신차 개발 능력도 형편없었다. 이에 따라 프리미엄 시장에서는
아우디, 메르세데스-벤츠, BMW 등 글로벌 자동차 브랜드가 확고한
우위를 유지하는 가운데, 대중 시장에서도 해외 업체와 손잡은 합작

회사의 자동차 브랜드가 주를 이뤘다. 반면 로컬 브랜드 자동차는 높아진 소비자의 눈높이를 맞추지 못한 탓에 시장 점유율 면에서 오랜 기간 부진을 면치 못했다.

하지만 최근 들어서 상황이 달라졌다. 로컬 브랜드 업체들이 전기차, 자율주행차 등 미래형 모빌리티 분야에서 높은 기술력과 가격 경쟁력을 뽐내며 괄목할 만한 성과를 내고 있기 때문이다. 글로벌 컨설팅 업체인 맥킨지에 따르면 중국은 전기차 산업 경쟁력(2020년 기준) 부문에서 독일과 미국, 일본을 제치고 1위를 기록했다. 내연기관차 시대에는 '중국 차=짝퉁 차'라는 오명이 당연한 것으로 여겨졌으나, 이제는 중국이 친환경과 IT 혁신의 강점을 내세워 모빌리티 강국으로 탈바꿈하고 있는 것이다.

중국이 세계 최대 전기차 시장이자 세계 최대 차량공유 시장으로 부상했다는 것은 더 이상 새로운 소식이 아니다. 미국과 유럽에서는 여전히 자율주행의 실현 가능성에 대한 논쟁이 진행 중이지만, 중국에서는 이미 자율주행의 대표주자인 바이두뿐만 아니라 위라이드, 포니닷에이아이Pony.ai와 같은 스타트업들이 자율주행차를 활용한 로보택시 서비스를 상용화한 상태다. 앞서 언급한 맥킨지가 중국이 향후 세계 최대 자율주행차 시장이 되리라고 전망한 것도 이러한 맥락에서다. 물론 아직까지는 중국의 성과가 질적인 면보다는 양적인 면에 치우쳐져 있는 것이 사실이다. 핵심 기술력과 인재는 미국 등 선진국이 우위를 보이고 있고, 중국은 그들의 뒤를 쫓는 상황이다. 하지만 중국은 질적 도약을 이끌어낼 정도의 공격적인 투자를 통해 선진국과의 격차를 빠르게 좁히고 있는 데다 2차 전지, 차량·사물 간 통신, 자율주행 딥러닝과 같은 분야에서는 글로벌 트렌드를 주도하는 모습이 나타나고 있다. 특히 플랫폼 산업에서 본 것처럼 중국은 첨단 기술을 시장의 수요에 맞게 커스터마이징하고 매력적인 수익모델을 구축하는 데 탁월한 역량을 갖추고 있다. 이렇게 볼 때 글로벌 모빌리티 산업에서도 중국의 영향력은 갈수록 커질 것으로 예상된다.

방대한 내수시장 수요

모빌리티 분야의 패스트 팔로워Fast follower였던 중국이 퍼스트 무버First mover로 변신할 수 있었던 원동력은 무엇일까? 우선 방대한 내수시장의 수요를 꼽을 수 있다. 이는 단순히 인구가 많다는 뜻이 아니다. 중국의 사회·경제적 변화와 맞물려 모빌리티 산업이 질적으로도 달라지고 있기 때문이다. 이를 자세히 살펴보면, 지난 20년간 중국은 급속한 모터라이제이션과 막강한 제조업 경쟁력에 힘입어 세계 최대 자동차 시장이자 세계 최대 자동차 생산국으로 떠올랐다. 중국의 연간 자동차 판매량은 글로벌 자동차 판매량의 약 30%로 미국과 유럽을 합친 것보다도 많다. 이처럼 중국의 자동차 시장이 거대한 성장 잠재력을 갖고 있다 보니 수많은 글로벌 완성차 업체들이 대규모 투자에 나섰고, 이는 중국에서 경쟁력 있는 자동차 제조 생태계가 자리 잡는 데 크게 기여했다. 현재 중국에서 자동차 산업은 제조업 고정자산투자의 약 6%, 전체 소매판매의 약 10%를 차지하고 있을 뿐만 아니라 대규모 일자리를 창출하는 등 중국 경제 전반에 막강한 영향력을 행사하고 있다.

하지만 중국 자동차 산업의 성장이 긍정적인 효과만 가져온 것은 아니다. 겨울철에 자동차와 공장 굴뚝에서 나온 연기가 중국의 도시 전체를 뿌옇게 뒤덮는 것은 일상적인 모습이 되었고, 호흡기질환과 심혈관질환을 겪는 환자들도 크게 늘어났다. 실제로 중국은 기후변화의 주범인 이산화탄소를 가장 많이 배출하는 나라로 꼽힌다. 중국의 이산화탄소 배출량은 전 세계 배출량의 28%에 이를 정도다. 이와 함께 극심한 교통체증으로 대도시의 이동 효율성이 크게 저하되면서 이와 관련된 사회적 비용이 급증하고 있다.

중국의 주요 도시들은 예외 없이 세계에서 가장 교통체증이 심한 도시 리스트의 상위권에 랭크되어 있으며, 중국 GDP(국내총생산)에서 물류비용이 차지하는 비중도 15% 수준으로 미국과 유럽보다 훨씬 높다. 단적인 예로 베이징 주민들은 출퇴근길에 평균 1.3시간 정도를 소요하는데, 이는 미국인들에 비해 3배 이상 긴 수치다. 중국 정부가 도로 인프라 확충에 막대한 예산을 투자하고 차량 번호판 발급량을 제한하는 등 다양한 조치를 취했음에도 불구하고 상황이 좀처럼 나아지지 않고 있는 것이다.

교통사고로 인한 인적·물적 피해도 매우 크다. 중국 국가통계국에 따르면 2020년에만 해도 약 24만 5,000건의 교통사고가 발생해 약 6만 1,700명이 목숨을 잃었고 직접적인 재산 피해액만 해도 13억 1,300만 위안(한화 약 2,400억 원)을 기록했다. 이렇게 볼 때 탄소배출량을 획기적으로 줄이는 전기차, 차량 수요 및 교통사고를 억제하는 차량공유 서비스와 자율주행차 도입을 통해 가장 큰 사회·경제적 혜택을 누릴 수 있는 국가가 중국이라고 해도 과언이 아니다.

실제로 중국에는 차량공유 서비스에 대한 수요가 많다. 인구밀도가 높은 대도시의 경우 대중교통 시스템이 충분히 갖춰지지 않은 데다, 렌터카 비중도 주요국에 비해 크게 낮은 편이기 때문이다. 이와 함께 모빌리티 플랫폼의 서비스 반경이 국가 단위가 아니라 주로 도시 단위라는 점을 감안하면 최근 도시화가 진전되며 메가시티가 확산되고 있다는 것도 플러스 요인이다. 모빌리티 플랫폼의 서비스 반경은 국가 단위가 아니라 주로 도시 단위이기 때문이다. 잘 알려져 있듯이 중국 정부는 메가시티 육성을 국가 전략으로 추진하고 있다. 베이징을 중심으로 톈진·허베이를 묶는 '징진지京津冀 프로젝트', 상하이·강소성·절강성·안후이성을 포괄하는 '장강삼각주 일체화長三角一體化

메가시티로 대변되는 중국의 방대한 내수시장과 급속도로 진행되는 디지털화는 중국이 왜 모빌리티 분야의 퍼스트 무버가 될 수 있는지 그 가능성을 보여주는 단적인 예라고 할 수 있다.

계획', 광둥성 9개 도시와 마카오를 잇는 '웨이강아오 대만구粤港澳大湾区' 등이 대표적인 육성 전략이다. 참고로 징진지 프로젝트의 경우 전체 면적이 약 21만 6,000km²로 한반도 면적과 비슷하고 1억 1,000만 명에 이르는 인구를 포함한다. 그리고 이처럼 거대한 메가시티가 형성되면 핵심 도시를 중심으로 행정도시와 베드타운 등 다양한 중소 도시들이 위치하면서 이들을 잇는 대중교통 인프라가 깔리게 된다. 하지만 지방도시의 예산 제약으로 이러한 인프라가 계획대로 완공되지 못하면 그 빈자리를 차량공유 서비스가 메우게 될 가능성이 높다.

더욱이 중국에는 운전면허증은 갖고 있지만, 자가 차량은 없는 이른바 '우처유번족无車有本族'이 매우 많다. 2020년을 기준으로 중국의 자동차 등록 대수는 약 2억 8,000만 대인데, 운전면허 소지자는 이보다 훨씬 많은 약 4억 2,000만 명이나 된다. 교통체증과 대기오염을 우려한 중국 정부의 차량 번호판 규제정책이 작용한 결과다. 단순하게 계산하더라도 1억 4,000만 명에 이르는 사람들이 운전면허증이 있음에도 자가 차량을 운행하지 못하는 사람, 다시 말해 차량공유 서비스의 잠재 고객층이라는 것이다.

여기에 새로운 기술에 대한 수용도가 높고, 차량을 소유가 아닌 공유의 대상으로 인식하는 빠링허우와 주링허우로 대변되는 젊은 층의 소비 행태 변화에도 주목할 필요가 있다. 자동차는 고가의 내구재인데다 안전과 직결되어 있는 만큼 소비자들이 상당히 보수적인 구매 성향을 나타내는 재화다. 미국, 유럽 등 선진국의 자동차 평균 구매연령이 소득수준과 가족 구성이 어느 정도 갖춰진 40대 후반에서 50대 초반인 것도 이러한 이유에서다. 그런데 여기에 중요한 차이가 있다.

선진국의 자동차 소비자들은 기존 내연기관차의 높은 품질과 승차감을 많이 경험해봤기 때문에 초기 전기차 모델에 만족하지 못했다. 이에 비해 중국의 자동차 평균 구매연령은 선진국보다 10세 이상 낮다. 2000년대 고성장기에 재산을 축적한 부모 세대의 부_富가 자식 세대로 이전되면서 구매력 있는 젊은 층이 크게 늘어났기 때문이다. 이들은 대부분 생애 첫차 구매자이기 때문에 자동차에 대한 선입견이 적고 로컬 브랜드에 대해서도 우호적인 편이다. 또한 이들이 일상적으로 사용하는 전자상거래, 음식 배달, O2O 서비스 등은 해당 산업뿐만 아니라 모빌리티 산업의 확산과 발전에도 크게 기여하고 있다. 잘 알려진 것처럼 중국은 세계 최대 전자상거래 업체인 알리바바와 스마트 물류의 선두주자인 징동닷컴京东商城, 종합 생활서비스 업체인 메이퇀뎬핑Meituan-Dianping 등 모빌리티와 직간접적으로 연관된 수많은 플랫폼 기업을 보유하고 있다.

이처럼 중국의 젊은 구매층은 혁신에 개방적이고 신기술이 적용된 제품을 기꺼이 소비하려는 경향을 보인다. 기존 자동차 브랜드에 대한 충성도는 낮은 반면에 IT 제품에 대한 이해도가 높다 보니 새로운 기능과 트렌디한 디자인을 선호한다. 중국이 전자상거래, SNS, 원격의료, 온라인 교육 등 플랫폼 비즈니스에서 글로벌 경쟁력을 갖추게 된 것도 주력 소비층의 이 같은 특성과 밀접히 연관되어 있다. 실제로 프리미엄 구매자를 대상으로 한 맥킨지의 설문조사에 따르면 자율주행 기능이 자동차 구매에 핵심 고려 요인인지에 대한 질문에 긍정적으로 대답한 중국인의 비율이 81%를 기록했는데, 이는 독일(60%)과 미국(51%)에 비해 월등히 높은 수치다. 글로벌 컨설팅 업체

딜로이트가 매년 발간하는 〈글로벌 자동차 소비자 연구Global Automotive Consumer Study〉 보고서도 이를 뒷받침해준다. 파워트레인에 대한 선호도 조사에서 중국의 전기차에 대한 선호도가 주요국들 가운데 가장 높았고, 커넥티드카의 확산을 긍정적으로 평가하는 소비자의 비율도 중국이 전 세계 1위를 차지한 것이다. 뿐만 아니라 중국 소비자들은 다른 주요국들 가운데 자율주행, 커넥티드카 등 신기술에 대한 가격 지불 용의가 가장 높았으며, 차량 구매가 아닌 구독서비스에 대한 관심도에서도 선두권을 차지했다. 즉, 중국은 케이스로 대표되는 미래 모빌리티 패러다임 변화를 이끌어가기에 유리한 환경이다.

한편 현재 중국에서 진행되고 있는 고령화는 젊은 구매층의 확

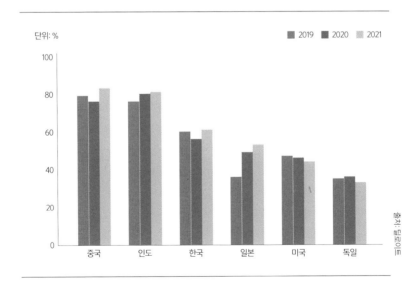

늘어나는 차량 연결성(커넥티드카)이
유용할 것이라고 생각하는 소비자 비율 추이

산과는 또 다른 측면에서 모빌리티 혁신을 가속화하는 요인이 될 가능성이 높다. 잘 알려져 있듯이 중국은 전 세계에서 가장 빠른 속도로 고령화가 진행되고 있는 국가다. 2020년에 1억 9,000만 명이었던 65세 이상 노인 인구는 2030년이 되기 전에 3억 명을 넘어서며 전체 인구의 20% 이상을 차지하게 될 전망이다. 즉, 중국은 2030년이면 초고령화 사회에 진입하게 된다. 이처럼 노인 인구가 빠르게 늘어난다는 것은 택시와 트럭을 운전하거나 음식 배달을 담당할 인력이 그만큼 줄어든다는 것을 의미한다. 운송 인력 부족을 커넥티드카와 자율주행차로 메워야 할 필요성이 커질 수밖에 없다. 젊은 소비층이 개화시킨 미래형 모빌리티 시장을 고령층이 성숙시키는 상황이라고 할 수 있다.

후발주자의 이점

중국이 전자상거래, SNS, 핀테크 등 디지털 플랫폼 부문에서 글로벌 경쟁력을 갖추게 된 이유는 역설적으로 유통채널과 통신 인프라, 금융 등 기존 산업이 낙후되어 있었기 때문이다. 특히 스마트폰에 기반한 모바일 생태계가 발달하게 된 것은 방대한 국토와 예산 제약으로 유선망 인프라 구축에 한계를 느낀 중국 정부가 무선 네트워크에 집중적으로 투자한 결과다. 대다수의 사용자가 PC가 아닌 모바일로 인터넷에 접속하는 상황인 만큼 플랫폼 기업들도 애초부터 모바일 환경에 최적화된 서비스를 시장에 내놓았다. 즉, PC 부문의 레거시가 없다 보니 모바일 부문의 성장이 PC 부문의 실적을 갉아먹는 이른바 카니 발라이제이션Cannibalization*을 우려할 필요가 없었고, 그 결과로 플랫폼 기업들이 '모바일 퍼스트Mobile first' 전략을 과감하게 펼칠 수 있었던 것이다. 미국 등 선진국의 많은 기업들이 PC 중심의 관성에서 벗어나지 못한 채 모바일 사업을 기존 PC 부문의 연장선상에서 추진했던 것과는 대조적이다. 마찬가지로 중국이 신용카드를 건너뛰고 QR코드 결제를 빠르게 확산시킬 수 있었던 것도 중국의 금융서비스가 낙후되어 있었기 때문이다. 모바일을 통한 QR코드 결제가 도입되었을 때 중국에서는 신용카드가 일상화된 선진국과 달리 여전히 현금 거래가 주를 이루고 있었다. 이런 상황에서 대형 IT 기업들이 QR코드를 적극적으로 도입하고 핀테크 혁신을 추진하면서 중국이 이른바 현금 없는 사회Cashless society로 빠르게 전환된 것이다.

모빌리티 산업 역시 중국이 후발주자의 이점을 발휘할 수 있는 분야다. 중국은 시장의 잠재수요가 풍부하고 모방할 선도주자가 있으면 어김없이 패스트 팔로워 전략을 구사해왔다. 더구나 모빌리티는 스마트폰에 이은 넥스트 플랫폼이자 미래 먹거리 산업으로 성장 잠재력이 매우 높다. 알리바바와 텐센트Tencent가 아마존, 페이스북을 모방했듯이 테슬라라는 확고한 롤모델을 따라가며 혁신 역량을 키우기에 적합한 분야다. 후발주자로서 기술력이 뒤처지는 상황에서 선도 기업의 기술과 비즈니스 모델을 방대한 자국 내수시장에 적용하는 것만으로도 엄청난 이익을 얻을 수 있기 때문이다. 화웨이, 오포, 샤오미, 메이

• 신제품이 자사의 기존 주력 제품을 잠식하는 현상.

주 등 중국 스마트폰 업체들이 잇따라 모빌리티 산업에 진출하는 것도 이런 이유 때문이다.

플랫폼 기업을 중심으로 디지털 결제시스템이 보편화되어 있다는 점도 중국 모빌리티 산업에 유리한 조건이다. 앞서 언급했듯이, 중국에서는 전자상거래와 음식 배달에서부터 콘텐츠 감상, 오프라인 매장에 이르기까지 거의 모든 결제가 신용카드가 아닌 QR코드, AI 안면인식 등의 디지털 결제를 통해 이뤄지고 있다. 대부분의 기업이 소비자 편의와 저렴한 수수료 등을 이유로 자사 서비스를 알리페이나 위챗페이의 결제시스템과 연동시켜 놓았기 때문이다.

중요한 점은 모빌리티 산업의 특성상 디지털 결제의 역할이 더욱 커질 수밖에 없다는 것이다. 사람과 사물의 이동 횟수가 급증하면 서비스의 대가를 지불해야 하는 횟수와 범위 역시 비약적으로 증가할 수밖에 없다. 모빌리티 산업이 고도화할수록 축적된 데이터를 바탕으로 끊김 없는 고객 경험Seamless user experience을 제공하고 비즈니스를 확장하기 위해서는 디지털 결제시스템 구축이 필수이며, 중국에서는 이미 스마트폰의 확산과 함께 디지털 결제가 소비자들의 일상에서 광범위하게 활용되고 있다. 이렇게 볼 때 미래 모빌리티 시대가 도래하면 전 세계 핀테크 도입률 1위 국가인 중국의 경쟁우위가 부각될 가능성이 크다.

이제 중국의 모빌리티 트랜스포메이션Mobility transformation에 대해 구체적으로 살펴보자. 내연기관차가 대세였던 불과 몇 년 전까지만 하더라도 중국은 자동차 산업의 후진국에 불과했다. 도로 위에는 선진국의 철 지난 구형 모델들이 돌아다녔고, 자동차 시장에는 짝퉁 차가 판을 쳤다. 글로벌 완성차 업체들이 수십 년간 갈고 닦은 엔진과 변속기 기술이 거대한 진입장벽으로 작용했기 때문이다. 사실 중국 정부의 자동차 정책은 가장 실패한 산업 정책 중 하나로 꼽힌다. 로컬 업체들의 기술력이 뒤떨어진 상황에서 자국의 자동산 산업을 육성하고자 중국 정부가 내놓은 방법은 글로벌 완성차 업체들과 로컬 업체들의 합작법인을 설립하는 것이었다. 지방정부 산하의 국유 기업과 글로벌 완성차 업체들이 절반씩 지분투자를 한 합작법인을 세우는 방식으로 로컬 기업들이 단기간에 선진 기업들의 제조기술과 공정 노하우를 습득할 수 있다는 계산에서였다. 시장을 내주고 기술을 얻는 이른바 시장환기술市場換技術 정책을 펼친 것이다. 그러나 현실은 기대와 달랐다. 중국이 글로벌 완성차 업체들에게 자동차 시장을 개방한 지 20년이 지났음에도 불구하고 로컬 업체들은 자동차의 핵심인 엔진과 변속기 관련 기술은 물론 디자인과 제조능력 면에서도 여전히 크게 뒤처졌다. 합작법인 파트너인 글로벌 완성차 업체에 의존해 쉽사리 돈을 벌다 보니 자체적인 기술 개발과 브랜드 육성을 등한시했기 때문이다. 2차 전지산업이나 통신산업과 같이 합작법인에 의존하지 않고 자체적으로 혁신 역량을 키운 부문에서 글로벌 경쟁력을 지닌 기업들이 배출된 것과 대조적이다.

하지만 전기차로 대변되는 미래차 시대가 도래하면서 상황이 크게 달라졌다. 전기차에 필요한 부품 수는 10,000여 개로 내연기관차 부품 수 대비 3분의 1에 불과하다. 특히 핵심 기술이 응축된 엔진이 사라지다 보니 내연기관차와 달리 긴 축적의 시간이 필요하지 않고 제조과정도 훨씬 단순해졌다. 과거에 엔진 때문에 벌어졌던 격차를 단번에 뒤집을 수 있는 여건이 마련된 것이다. 전기차는 간단히 말해 배터리와 전기모터가 장착된 '바퀴 달린 IT 기기'라고 할 수 있는데, 중국은 CATL, 비야디比亞迪와 같은 막강한 배터리 기업을 보유하고 있고 IT 제품 관련 기술력과 제조능력에 있어서 세계 최고 수준의 경쟁력을 갖추고 있다.

반대로 글로벌 완성차 입장에서는 내연기관차 시대에 쌓아온 기술력과 브랜드 가치가 순식간에 힘을 잃어버리게 되었다. 심지어 이러한 경쟁력과 성과가 미래 모빌리티로 전환하는 데 큰 걸림돌이 되는 상황마저 벌어지고 있다. 일부 유럽 및 일본 완성차 업체들이 엔진과 전기모터를 함께 사용하는 플러그인하이브리드Plug-in Hybrid Electric Vehicle, PHEV 위주의 전략을 고수하는 이유도 높은 엔진 기술력에 기반한 자신들의 경쟁우위를 놓치고 싶지 않기 때문이다. 하지만 환경규제가 갈수록 강화되는 상황에서는 플러그인하이브리드 모델도 결국 전기차로 수렴될 수밖에 없다.

기존 글로벌 완성차 업체들의 공장이 내연기관차에 맞게 설계된 것과 대조적으로 중국 업체들은 처음부터 전기차에 최적화된 전용 플랫폼을 통해 신차 모델을 생산하면서 물량 격차를 벌려 나가는 전략을 취하고 있다. 이는 중국에 기존 내연기관차에 대한 레거시 코스트가 없기 때문에 가능한 것이다. 기존 글로벌 완성차 업체들은 내연기관에 천문학적인 자금을 투입했고, 이를 토대로 형성된 기업구조와 조직문화가 강력한 관성으로 작용하면서 내연기관차를 포기하기 어려운 상황이다. 하지만 서구 선진국과 달리 중국 기업은 체제 특성상 사측이나 노조 모두 정치적 영향력이 제한적이고 정책당국의 지침에도 대체로 순응적이다. 이러다 보니 전기차로 전환하는 과정에서 발생하는 대규모 구조조정에 대해 상하이자동차의 사측과 노조가 가하는 압력은 GM, 포드가 미국 정부에 가하는 압력과 비교해 무시할 수 있을 정도로 미미하다. 테슬라와 같은 전기차 신생 업체가 원통형 배터리, 통합 전자제어장치Electronic Control Unit, ECU, 무선 업데이트 등 기존 완성차 업체가 시도하기 어려운 혁신을 실현시키며 가파르게 성장한 것도 이와 무관치 않다. 그리고 중국에는 니오, 샤오펑, 리오토를 포함해 중국판 테슬라를 꿈꾸며 전기차에 올인하고 있는 수백여 개의 신생 업체들이 있다. 치열한 경쟁을 거쳐 이들 가운데 실력 있는 1%만 살아남아도 중국 모빌리티 산업이 한 단계 업그레이드되기에 충분하다.

중국은 자율주행차 부문에서도 후발주자의 이점을 누리고 있다. 소프트웨어 개발이나 핵심 부품 제조능력 면에서 선진국 기업들에 비해 열세에 있지만, 후발주자로서 이들 기업의 최첨단 기술을 활용하는 것에 강점을 지니고 있기 때문이다. 무엇보다 자율주행차 성능을 좌우하는 데이터의 양과 질 측면에서 중국 기업들은 압도적인 경쟁력을 가지고 있다. 아무리 자율주행 알고리즘이 고도화되더라도 자율주행차 성능이 정확성과 신뢰성을 갖추려면 엄청난 양의 데이터가 필요하다. 1만 대의 차량에서 얻는 데이터와 1,000만 대의 차량에서 얻는 데이터는 양적으로나 질적으로 차원이 다를 수밖에 없다.

중국 기업들은 바로 이 부분에서 뚜렷한 우위를 갖고 있다. 주행 데이터를 가장 많이, 가장 빠르게 수집할 수 있는 방법은 차량공유 서비스를 통하는 것인데, 중국은 이미 수년 전부터 세계 최대 차량공유 시장 지위를 유지하고 있기 때문이다. 앞서 언급했듯이 중국의 젊은 소비자들은 자율주행 기술에 우호적이고 개인정보 보호에 대한 인식이 상대적으로 낮은 편이기 때문에 자율주행 데이터를 수집하고 활용하기가 훨씬 수월하다. 게다가 디지털 플랫폼 제국으로 부상하고 있는 중국은 차량공유와 인포테인먼트, 간편결제 등 자율주행차와 관련된 데이터를 수익모델로 연결하는 데에도 매우 능숙하다.

그간 단점으로 지적되어 온 중국의 열악한 도로환경과 부족한 교통 인프라도 자율주행 기술 발전에 플러스 요인으로 작용하고 있다. 미국과 같은 선진국의 도로환경에서 학습된 데이터를 바탕으로 개발된 자율주행차가 중국에서 사고 없이 운행하기란 불가능에 가깝다. 단적으로 중국 광저우에서 운행하는 차들의 차선 변경 횟수는 미국 실리콘밸리보다 5배가량 많고, 광저우 도로에서 자전거와 마주칠 확률은 실리콘밸리에 비해 무려 60배나 높다. 교통신호를 무시하고 도로를 무단횡단하는 사람의 비율도 중국이 훨씬 높다. 중국의 혼잡한 도심 도로에서 직접 운전을 해본 사람이라면 충분히 공감할 수 있을 것이다. 이 같은 주행환경으로부터 얻은 데이터는 선진국에서 얻는 데이터보다 훨씬 유용하며, 나아가 자율주행 성능을 더욱 정교하고 빠르게 개선시키는 데 크게 기여할 것으로 예상된다.

국가의 강력하고 일관된 지원

중국은 미래 모빌리티 영역에서 글로벌 경쟁력을 갖추기 위해 국가적인 역량을 집중하고 있다. 고용, 제조, 소비 등 경제 전반에 미치는 영향이 워낙 큰 데다 4차 산업혁명 시대에 글로벌 경제 강국으로 부상하기 위해서는 모빌리티 영역에서 반드시 주도권을 확보해야 하기 때문이다. 실제로 중국 정부는 특유의 뚝심으로 첨단산업 육성 정책인 '중국제조 2025'*을 실행에 옮기는 동시에 전기차, 커넥티드카, 차량 공유, 자율주행차와 관련된 지원책을 강력하고 일관되게 추진하고 있다. 여기에는 보조금과 환경규제 강화 조치뿐만 아니라 미래차의 연도별 목표치, 공급망 국산화를 위한 부품사 육성책 등 모빌리티와 관련된 각종 정책이 총망라되어 있다. 특히 주목할 만한 점은 모빌리티 영역에 대한 외국자본의 진입 제한도 철폐되고 있다는 것이다. 지금까지 글로벌 완성차 업체들은 로컬 기업과 합작법인을 설립하는 형태로 중국 시장에 진출해왔지만, 2023년부터는 지분보유 한도가 사라지면서 단독으로 법인을 설립·운영할 수 있게 된다. 과거 중국 정부가 자신감이 생겼을 때 시장을 개방해왔다는 점을 감안하면, 중국의 모빌리티 혁신은 상당 부분 진전을 이룬 것으로 판단된다. 이와 함께 지방정부도 모빌리티 육성책을 쏟아내고 있다. 지방정부 관료들은 지역경제 발전과 자신의 승진을 위해 중앙정부의 역점 사업에 인적·물적 자원을 경쟁적으로 투입하고 있는데, 이에 힘입어 중앙정부의 목

• 중국제조 2025는 독일의 '인더스트리 4.0'을 벤치마킹한 중국의 산업고도화 정책으로, 2025년까지 일본과 독일 수준의 제조 강국 대열에 진입하고 2045에는 미국을 추월해 세계 최고 수준의 제조업 강국이 되는 것을 목표로 삼고 있다. 미국 정부의 압박으로 '중국제조 2025'라는 표현이 중국 정부의 공식 문서에서 사용되지는 않고 있지만, 첨단 제조업을 육성하기 위한 산업 정책은 여전히 실행되고 있다.

표치들이 조기에 달성되고 있다.

미래 모빌리티 시장에서 가장 중요한 것은 누가 먼저 표준을 선점하고 인프라 투자와 주행 시험에 적극적으로 나서는지 여부다. 선진국의 경우 각 주나 지역별로 자율주행 표준이 제각각인 경우가 많고, 차량·사물 간 통신 표준에도 합의하지 못하고 있다. 반면 중국은 2021년부터 적용되는 자율주행 표준을 이미 확정했고 세계 최초로 이동통신기반차량·사물 간 통신C-V2X을 차세대 차량·사물 간 통신 기술로 채택한 상태다. 더욱이 자율주행차의 경우 피할 수 없는 사고 상황에서 누구를 희생시킬 것인가 하는 트롤리 딜레마Trolley Dilemma●● 에 봉착하게 되는데, 중국은 이처럼 어려운 윤리적 문제에 대해 단기간에 법적·제도적 합의를 이끌어낼 수 있는 거의 유일한 국가다.

또한 자율주행 기술의 완성도를 높이기 위해서는 차량 자체를 스마트하게 만드는 것도 중요하지만, 보다 근본적으로 자율주행에 최적화된 도시를 새로 건설하는 것이 안전성이나 상용화 시기 면에서 훨씬 유리할 것이다. 사람이 운전하는 내연기관차에 맞춰진 기존 인프라나 법 제도를 고치는 것보다, 새로운 인프라를 구축하고 그에 적합한 규칙을 제정하는 것이 더 쉽고 효율적이기 때문이다. 이런 점에서 권위주의 체제인 중국은 의사결정 과정이 복잡한 서구 민주주의 국가들에 비해 정책을 신속하게 집행하기가 상대적으로 용이하다. 실제로 여전히 도시화가 진행 중인 중국은 새롭게 건설하는 도시를 인공지

●● 윤리학 분야의 난제 중 하나로, 브레이크가 고장 난 트롤리 기차가 달리고 있는데, 다수를 살리기 위해 소수를 희생할 수 있는지를 판단해야 하는 상황.

능, 사물인터넷, 5G 기반의 스마트시티로 조성하고 있다. 다른 국가들이 불확실한 규제 환경과 지방정부의 예산 부족으로 자율주행을 위한 인프라 구축에 어려움을 겪고 있는 것과 대조적인 모습이다. 이에 반해 중국은 차량·사물 간 통신 기술 표준을 채택하고, 도로 센서·5G 통신을 포함한 자율주행 인프라에 대규모 자금을 투자하고 있다. 약 707억 위안(한화 약 12조 7,000억 원)이 투입되어 2022년에 완공될 예정인 항사오융杭紹甬 스마트 고속도로가 대표적이다. 항저우와 닝보寧波를 잇는 161km 길이의 자율주행차 전용도로이며, 여기에는 5G 통신망과 자율주행 전용 관제탑 등이 설치되어 있다.

자율주행차의 경우 차량 자체를 스마트하게 만드는 것도 중요하지만, 자율주행에 최적화된 도로 인프라를 구축하는 것도 필수적이다. 중국은 자율주행 관련 인프라 구축을 통해 모빌리티 산업의 선두주자로 앞서 나가고 있다.

앞서 언급한 중국의 지방정부들 역시 자율주행 시범지대를 건설하고 자율주행 도로 테스트를 허가하면서 자율주행차 상용화에 박차를 가하고 있다. 이미 중국의 26개 도시에서 자율주행 테스트가 진행되고 있고, 심지어 로보택시를 운영하는 기업들도 빠르게 늘고 있다. 바이두, 위라이드, 디디추싱, 포니닷에이아이 등이 개발한 자율주행차가 일반 승객을 태우고 도로를 달리고 있으며, 최근에는 안전요원이 운전석에 앉지 않는 '완전 자율주행차'도 시범운행을 시작했다. 베이징의 경우 세계 최초로 레벨4 이상의 자율주행 시범지구를 만들어 로보택시, 무인 물류, 버스 대리운전 등 다양한 비즈니스 모델에 대한 실증 테스트를 하고 있고, 광저우 역시 스마트 시티 건설의 일환으로 자율주행차에 최적화된 도로 및 통신 인프라 구축에 적극적으로 나서고 있다.

차이나 모빌리티의
차별화 포인트는

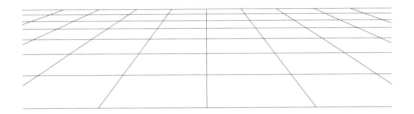

성장하는 차이나 모빌리티 산업

모빌리티 비즈니스는 인공지능, 5G, 클라우드 등 첨단 기술이 총결집된 영역으로, 제조업과 교통뿐만 아니라 물류, 콘텐츠, 부동산 등 다양한 분야에서 막대한 부가가치와 파급효과를 가져올 전망이다. 기존 완성차 업체들은 물론이고 구글, 아마존과 같은 글로벌 IT 기업들이 사업 구조를 재편하고 공격적인 M&A에 나서는 것도 결국 미래 모빌리티 산업의 주도권을 잡기 위해서라고 할 수 있다. 실제로 이들 기업은 전기차부터 자율주행차, 도심항공 모빌리티에 이르는 다양한 모빌리티 솔루션을 선보이는 한편, 인포테인먼트 기능을 강화하고 로보택시 서비스를 출시하는 등 모빌리티 생태계 확산에 적극적으로 나서고 있다.

중국도 예외가 아니다. 4차 산업혁명의 최대 격전지인 모빌리티 부문에서 글로벌 경쟁력을 갖추기 위해 모든 힘을 집중하고 있다. 스마트폰 산업에서 그랬던 것처럼 후발주자로 시작한 모빌리티 부문에서도 선진 기업들을 모방하며 빠르게 격차를 좁히고 있는 것이다. 뿐만 아니라 중국 기업들은 방대한 내수시장에서 얻은 빅데이터를 활용해 소비자들에게 맞춤형 서비스를 제공하는 것은 물론이고 특유의 확장성을 앞세워 새로운 비즈니스 모델을 만들어내고 있다. 나아가 내연기관 시대에 글로벌 브랜드 업체들에 밀려 내수시장에 머물렀던 것과는 대조적으로, 전기차·자율주행차 시대가 도래하면서부터는 글로벌 시장 진출에도 적극적으로 나서고 있다.

이처럼 차이나 모빌리티는 선진 기업에 대한 모방에서 시작해 이제는 자신만의 차별화된 특징과 경쟁력을 갖추게 되었다고 할 수 있다. 이번 장에서는 중국 모빌리티 산업의 세 가지 핵심 특징을 살펴보고 여기에 담긴 미래 방향성을 모색해보기로 하겠다.

빅테크 플랫폼의 대리전

미국에 테슬라가 있다면 중국에는 '넥스트 테슬라'를 꿈꾸는 니오, 샤오펑, 리오토가 있다. 이들 기업은 세련된 디자인과 뛰어난 주행 성능을 갖춘 전기차 모델을 연이어 출시하며 테슬라와 시장 주도권을 둘러싸고 치열한 경쟁을 펼치고 있다. 워런 버핏이 투자한 기업으로 잘 알려진 비야디가 이전부터 전기차를 생산해왔지만, 자율주행 기능을 포함한 첨단 기술을 장착하고 사용자 편의성을 대폭 강화해 차이나 모빌리티 혁신을 전 세계에 각인시킨 것은 다름 아닌 니오, 샤오펑, 리오토와 같은 혁신 스타트업들이다.

주목할 만한 점은 이들 혁신 스타트업 사이에서 벌어지는 경쟁 뒤에 'BAT(바이두·알리바바·텐센트)'로 대변되는 빅테크 플랫폼이 있다는 점이다. 로컬 전기차 업계의 선두주자인 니오의 경우에는 중국 최대 SNS 업체이자 게임 업체인 텐센트가 2대 주주로 참여하고 있고, 알리바바 임원 출신인 허샤오펑이 설립한 샤오펑은 알리바바가 2대 주주로 있는 전기차 회사다. 또 다른 전기차 스타트업인 리오토 역시 중국 최대 종합 생활서비스 플랫폼 기업인 메이퇀뎬핑이 2대 주주로 참여하고 있다. 빅테크 플랫폼 기업들은 전기차 스타트업에 전폭적인 투자와 기술 지원을 제공하는 한편, 커다란 잠재력을 지닌 모빌리티 산업을 자사의 사업과 연결하기 위해 다양한 비즈니스 모델을 구축해가고 있다. 새로운 IT 제품에 대한 수용도가 높고 모바일 결제가 보편화된 중국에서는 빅테크 플랫폼이 운영체제를 포함한 소프트웨어 표준을 개발하고 거대한 모빌리티 생태계를 장악하기가 용이하기 때문이다. 이렇게 본다면 현재 중국 전기차 시장을 둘러싼 혁신 스타트업들의 경쟁은 사실상 이들을 지원하는 빅테크 플랫폼들의 대리전이라고 해도 과언이 아니다.

중국의 빅테크 플랫폼 기업들은 전기차 스타트업에 투자하는 것은 물론이고 기존 자동차 업체들과도 적극적으로 협력하고 있다. 중국 최대 검색엔진 업체이자 자율주행 분야의 선두 업체인 바이두는 2021년 1월에 지리자동차와 손잡고 전기차 합작사인 '지두자동차集度汽车'를 설립했다. 지리자동차의 전기차 플

중국 3대 IT 기업으로 꼽히는 바이두·알리바바·텐센트는 전기차 스타트업에 전폭적인 투자와 기술 지원을 제공하는 한편, 모빌리티 산업을 자사의 사업과 연결하기 위해 다양한 비즈니스 모델을 구축해가고 있다.

랫폼에 바이두의 자율주행 오픈소스 플랫폼인 아폴로Apollo를 적용해 차세대 스마트카를 선보인다는 구상이다. 아폴로는 바이두가 2017년에 자체 개발한 자율주행 오픈소스 플랫폼으로 70개 이상의 글로벌 자동차 브랜드와 협력관계를 구축했으며, 이미 600여 개 모델에 탑재되어 있을 정도로 기술력을 인정받고 있다. 구글이 안드로이드를 통해 스마트폰 운영체제 시장을 석권했듯이, 바이두도 아폴로를 통해 모빌리티 운영체제 시장의 주도권을 잡으려는 것이다.

　중국 최대 전자상거래 업체인 알리바바 역시 모빌리티를 새로운 성장동력으로 육성하기 위해 다각적인 노력을 기울이고 있다. 알리바바는 자율주행 시스템 알리OSAliOS, 고정밀 지도 서비스 업체 가오더디투高德地图, 클라우드 및 인공지능 연구기관 다모아카데미DAMO Academy, AI 반도체 자회사 핑터우거平头哥, 인터넷 연계 자동차 스타트업 반마 네트워크 테크놀로지Banma Network Technology 등 탄탄한 모빌리티 생

태계를 구축하고 있다. 뿐만 아니라 제일자동차그룹First Automotive Works, FAW과 전략적 파트너십을 맺고 지능형 커넥티드 차량Intelligent Connected Vehicle, ICV 개발에 나선 데 이어서 2020년 말에는 상하이자동차와 전기차 합작사인 '즈지자동차智己汽车'를 설립했다. 알리바바가 보유한 거대한 빅데이터와 클라우드 및 인공지능 기술을 상하이자동차의 자동차 제조공정과 결합해 프리미엄 전기차 시장에서 주도권을 차지하기 위해서다. 실제로 즈지자동차가 생산한 스마트카의 내부에는 39인치 크기의 와이드스크린 디스플레이에 자체 개발한 운영체제와 각종 앱이 탑재되어 있어 스마트 음성제어와 디지털 지도, 전자상거래, 알리페이 결제 등 다양한 서비스를 이용할 수 있다. 여기에 즈지자동차는 중국 최대 배터리 업체인 CATL과도 협력해 '실리콘-리튬 배터리'를 공동 개발하고 있다. 디지털 플랫폼, 자동차, 배터리 등 스마트카와 관련된 중국 최고의 기업들이 그야말로 중국판 '어벤져스Avengers'로 뭉친 것이다.

약 12억 명이 사용하는 슈퍼앱 위챗을 보유한 텐센트도 빼놓을 수 없다. 텐센트는 2018년에 자율주행 네트워크 시스템인 TAITencent Auto Intelligence를 출시한 이후로 고정밀 지도, 차량용 클라우드, 디지털 콘텐츠 등을 개발하며 모빌리티 생태계 구축에 나섰다. 또한 2019년에는 창청자동차長城汽車와 스마트 콕핏Cockpit, 데이터 플랫폼 부문에서 협력 체계를 구축했고, 2021년에는 지리자동차와 손잡고 자율주행, 차량공유 등의 기능을 갖춘 차세대 스마트카를 공동 개발하는 한편, 생산성 및 사용자 경험UX 향상을 위해 지리자동차의 차량 개발과 제조에서부터 판매, 사후관리에 이르는 전 과정을 디지털화하는 작업을 진행하고 있다. 이와 함께 텐센트는 자사의 뛰어난 인공지능 기술을 활용해 독자적인 자율주행차 테스트를 수행하고, 모멘타Momenta 등 자율주행 스타트업에 대한 투자도 지속하고 있다.

사실 BAT 이외에도 모빌리티 산업에 뛰어들고 있는 중국 기업들은 일일이 열거하기 힘들 정도로 많다. 대표적인 예로 샤오미를 들 수 있다. 스마트폰 업체로 잘 알려진 샤오미는 제일자동차그룹과 파트너십을 맺고 인공지능 음성비서 '샤오아이통쉐小爱同学'가 적용된 차량을 출시했다. 이어 2021년 3월에는 향후 10년간 100억 달러를 투자하며 스마트 전기차 시장에 직접 진출하겠다는 계획을 발표했고, 같은 해 9월에 전기차 자회사인 샤오미치처小米汽车를 설립했다. 전기차 사업의 CEO를 겸임하는 레이쥔雷军 샤오미 회장은 "스마트 전기차는 향후 10년간 가장 큰 사업 기회 중 하나이자 스마트 라이프에 없어서는 안 될 요소다"라며 "최소 5년에서 10년 동안 샤오미의 모든 역량을 총동원할 것이다"라고 밝혔다. 샤오미는 2024년 상반기에 첫 전기차를 출시한 후 2027년까지 3종의 전기차를 추가로 선보일 예정이다. 또한 이러한 계획의 일환으로 첨단운전자보조시스템 소프트웨어 기업 종무테크ZongmuTech, 배터리 생산 기업 간펑배터리GanfengBattery에 투자하고 자율주행 스타트업 딥모션DeepMotion을 인수하는 등 모빌리티 관련 기업에 대한 투자를 확대하고 있다. 잘 알려진 것처럼 샤오미는 단순한 스마트폰 제조업체에 머물지 않고 자체 운영체제인 '미유아이MIUI'를 기반으로 TV, 공기청정기, 로봇청소기 등 다양한 디바이스를 결합하는 스마트홈 생태계를 구축해왔다. 그리고 이제는 거대한 IT 기기로 변모하고 있는 자동차까지 편입시켜 플랫폼 생태계를 더욱 확장하려는 것이다. 잘 알려진 것처럼, 샤오미가 제품 판매 수익률을 5% 이하로 낮추는 이른바 '5%룰'을 고수해온 것은 하드웨어 제품 판매에서 발생하는 수익 자체보다 이들에 탑재된 사물인터넷 센서를 미유아이와 연결함으로써 다양한 부가가치를 창출하려는 목적이 크다. 지금까지 샤오미의 이 같은 전략은 큰 성공을 거두고 있다. 실제로 2018년에 약 1억 9,000만 명이었던 글로벌 미유아이 월간 활성 이용자 수는 2021년 2분기에는 약 4억 5,380만 명으로 급증했다. 이를 감안할 때 샤오미의 스마트 전기차 전략 역시 우선 하드웨어 기기에 대해 초저가 전략을 고수함으로써 시장 점유율을 높인 다음, 이를 기반으로 미유아이 플랫폼 생태계를 확장하는 데 전력을 다할 것으로 예상된다.

한편 동영상 공유앱 틱톡의 모회사인 바이트댄스ByteDance는 자율주행 버스 기업인 큐크래프트QCraft에 대규모 자금을 투자하며 미래형 모빌리티 분야에 진출했다. 또한 세계 최대 드론 업체인 DJI는 자율주행 사업부인 다장처자이大疆车载를 중심으로 도심 및 고속도로용 자율주행 플랫폼을 개발하는 동시에 자회사 라이복스Livox를 통해 라이다 센서 시장 공략에도 나서고 있다. 이와 함께 상하이자동차 산하 브랜드인 바오쥔宝骏의 소형 전기차 '키위KiWi EV'에 자사 자율주행 센서와 소프트웨어를 탑재하는 등 로컬 업체와의 협력도 강화하고 있다. 미국의 제재로 큰 타격을 입은 화웨이도 모빌리티 산업에서 돌파구를 모색하고 있다. 자동차용 소프트웨어인 하이카HiCar를 출시한 데 이어 자동차 기업인 광저우자동차그룹广汽集团과 전기차 개발에 나서는 등 스마트카 사업을 차세대 성장동력으로 육성하고 있다.

이처럼 현재 중국에서 진행되고 있는 주요 모빌리티 프로젝트에는 모두 빅테크 플랫폼 기업들이 참여하고 있다고 해도 과언이 아니다. 이들이 완성차 업체와 손잡고 모빌리티 산업에 진출하는 이유는 명확하다. 플랫폼 비즈니스에는 최적화되어 있지만, 자동차 설계와 제조 역량을 갖추지 못한 까닭에 완성차 업체와 협업하면서 모빌리티 산업에 조기 진입하기 위해서다. 빅테크 플랫폼 기업들에게 모빌리티는 이전에 없었던 새로운 비즈니스 기회로 미래 캐시카우가 될 것이기 때문이다. 특히 지금까지 주력해왔던 모바일 생태계가 거의 포화 상태에 이르렀다는 점을 감안하면 새로운 성장동력을 발굴하는 것이 어느 때보다 중요한 과제가 되었다. 단적으로 매년 두 자릿수를 기록하던 중국의 모바일 인터넷 가입자 수 증가율이 2017년 이후로 한 자릿수로 떨어졌다. 또한 2013년부터 2015년까지 3억 4,200만 명 정도 늘어났던 텐센트의 위챗 가입자 수도 2018년부터 2020년까지의 기간에는 1억 2,740만 명 정도 증가하는 데 그쳤다. 불과 몇 년 만에 가입자 수 증가 폭이 3분의 1 수준으로 줄어든 것이다. 이처럼 중국 모바일 생태계의 성장이 한계에 달하고 소수 업체들 간에 과점구도가 형성된 상황에서 모빌리티 산업은 빅테크 플랫폼 기업들이 반드시 선점해야 할 시장임이 분명하다.

더욱이 앞으로 모빌리티 산업은 기계적인 장치보다는 소프트웨어와 콘텐츠가 중시되는 서비스 형태로 진화할 가능성이 큰데, 이는 기존 완성차 업체보다 빅테크 플랫폼 기업이 훨씬 잘하는 분야다. 여기서 중요한 것은 자율주행차 등 각종 모빌리티 디바이스들이 생성해내는 빅데이터다. 승객의 이동 경로와 결제 내역, 콘텐츠 소비, 교통신호 등 다른 IT 기기와는 비교할 수 없는 막대한 데이터가 축적되면서 다양한 부가가치를 창출할 수 있다. 바꿔 말하면 향후 모빌리티에서 생성되는 빅데이터를 확보하지 못하는 기업은 갈수록 치열해지는 플랫폼 경쟁에서 도태될 가능성이 높다.

또한 미래 모빌리티 산업의 주도권을 잡기 위해서는 천문학적인 자금이 소요되는데, 이 부분에서도 빅테크 플랫폼의 우위가 두드러진다. 기존 완성차 업체의 경우 수익성이 높은 내연기관차 수요가 줄어드는 상황에서 미래차 시대로 전환해야 하므로 상대적으로 자금 사정이 여유롭지 않다. 이에 비해 빅테크 플랫폼 기업들은 네트워크 효과와 승자독식 수익구조로 벌어들인 막대한 현금을 보유하고 있기에 신사업에 대한 투자 여력이 높고 자사 서비스와 시너지 효과를 내기에도 유리한 구조를 갖고 있다.

사실 기존 완성차 업체들도 빅테크 플랫폼 업체들과 반드시 협력해야 하는 입장이다. 현재 모빌리티 산업에서 진행되고 있는 이른바 '케이스'로의 전환은 아무리 큰 회사라도 혼자서 다 감당하기에는 역부족이다. 하드웨어 부품과 자동차 제조공정 부문에서 상당 기간 완성차 업체의 우위가 유지되겠지만, 향후 소프트웨어의 비중이 커질수록 이러한 우위는 희석될 가능성이 크다. 단적으로 향후 모빌리티 부가가치의 중심이 될 운영체제만 하더라도 완성차 업체가 독자적으로 개발하기란 불가능에 가깝다. 뿐만 아니라 차후 케이스 시대가 본격화하면 커넥티드카의 두뇌 역할을 하는 통신 칩셋 기술부터 전기차의 배터리, 배터리 관리 시스템Battery Management System, BMS, 모터 그리고 자율주행에 필수적인 센싱 기술 및 분석·판단 알고리즘에 이르기까지 모빌리티 업체가 커버해야 할 R&D 영역이 기하급수적으로 늘

84

어난다. 설령 무리해서 자금을 조달하고 자체적인 기술을 개발한다고 하더라도 경쟁사 대비 뛰어난 제품을 적시에 공급받지 못할 가능성이 크다. 더욱이 자동차 제조의 진입장벽이 크게 낮아진 상황에서 완성차 업체가 모빌리티 혁신의 흐름에 올라타지 못할 경우, 자칫 빅테크 플랫폼 기업들이 주도하는 모빌리티 솔루션 시장에 하드웨어를 공급하는 주문자위탁생산 업체로 전락할 위험도 있다. 완성차 업체들이 하루라도 빨리 미래차 연합전선을 구축해야 하는 이유다.

이렇게 볼 때 빅테크 플랫폼 기업들이 자신의 강점인 운영체제, 자율주행 소프트웨어, AI 반도체 등의 개발을 맡고 완성차 업체들은 전기차 전용 플랫폼을 포함해 자동차 제조 전반을 담당하는 형태로 협업이 이뤄지는 것은 자연스러운 현상이라고 할 수 있다. 다만 시간이 지나고 업력이 쌓일수록 빅테크 플랫폼 기업들은 자사 브랜드 파워와 소프트웨어, 빅데이터 부문의 우위를 토대로 완성차 업체에 대한 지배력을 강화하고자 할 것이다. 완성차 업체들 역시 이에 대응해 부가가치의 핵심인 소프트웨어 역량을 내재화하려 할 것이며, 동시에 하드웨어 부문에서 강력한 해자垓字를 구축하려는 노력도 병행할 것으로 예상된다.

뛰어난 비즈니스 확장성

전 세계 주요국들이 치열하게 경쟁하는 미래 자동차 산업의 무게 중심이 제조업에서 모빌리티 서비스업으로 빠르게 이동하고 있다. 자동차, 지하철, 버스, 전동휠 등 다양한 교통수단의 통합을 뜻하는 MaaS Mobility as a Service *가 그 핵심이다. 즉, 하나의 통합된 플랫폼에서 이동수단의 검색, 예약, 결제 서비스가 한번에 이뤄지고, 차 안에서는 쇼핑, 사무, 콘텐츠 감상 등 다양한 활동이 가능해지면서 이에 상응하는 비즈니스가 빠르게 확대될 것으로 예상된다. 이와 관련된 중국의 특징을 꼽자면 모빌리티 서비스의 확장성이 매우 뛰어나다는 점이다. 현재 중국의 모빌리티 서비스 산업은 양적으로나 질적으로 다른 어떤 국가들보다 역동적으로 성장하고 있다. 이는 모빌리티 산업 내의 경쟁이 치열하고 트렌드와 첨단 기술에 민감한 중국 소비자의 성향 때문이기도 하지만, 무엇보다 관련 기업들의 배후에 빅테크 플랫폼이 있다는 점이 크게 작용하고 있다. 실제로 이들 빅테크 플랫폼 기업은 모빌리티를 통해 사업 포트폴리오를 다각화하고 차세대 캐시카우를 확보함으로써 성장 모멘텀을 이어가는 데 혈안이 되어 있다. 테슬라가 중국에 공격적으로 투자하고 있는 것도 단순히 중국이 세계 최대 전기차 시장이기 때문만은 아니다. 모바일 산업에서 경험했듯이 중국은 비즈니스 확장성이 매우 높은 시장이므로 중국에서 얻은 모빌리티 비즈니스 노하우를 바탕으로 글로벌 시장에서 경쟁자들을 물리칠 수 있다는 계산에서다.

중국의 플랫폼 기업들은 미국의 플랫폼 비즈니스 모델을 카피하면서 시작했지만, 자국 소비자들의 특성을 고려한 맞춤형 상품과 다

---

* 서비스로서의 이동수단. 개인 소유의 교통수단에서 서비스로 제공되는 이동성으로의 전환을 의미한다.

양한 서비스를 접목시켜 수익성을 극대화하는 방향으로 진화했다. 소수의 핵심 기능에 특화된 제품중심적Product-centric 플랫폼을 개발한 미국 기업들과 달리, 중국 기업들은 전자상거래, SNS, 핀테크, 게임 등 다양한 서비스를 통합한 슈퍼앱을 개발하는 데 주력했다. 텐센트의 위챗이 대표적이다. 잘 알려진 것처럼 위챗은 단순한 메신저 앱이 아니라 음식 주문, 호텔 예약, 병원 진료, 세금 납부, 출생·혼인 신고 등 스마트폰으로 가능한 모든 서비스를 제공하는 만능 앱이라고 할 수 있다. 페이스북, 인스타그램, 왓츠앱, 우버, 벤모 등을 하나로 통합한 올인원 앱이라고 이해하면 쉽다. 그리고 이처럼 중국 플랫폼 기업들의 확장성이 뛰어나다 보니 이제는 미국 기업들이 중국 기업을 모방하는 사례도 나타나고 있다. 그동안 SNS에 주력했던 페이스북이 최근 들어서는 전자상거래, 결제 등으로 사업 영역을 확장하고 있는데, 이 같은 움직임이 텐센트의 위챗을 벤치마킹했다는 점은 이미 잘 알려진 사실이다. 텐센트와 함께 중국 플랫폼 시장을 양분하고 있는 알리바바도 확장성이 뛰어나기는 마찬가지다. 전자상거래에서 축적된 빅데이터를 기반으로 핀테크, 물류, 클라우드, OTT, 헬스케어, 부동산 등 다양한 산업에 진출하며 거대한 비즈니스 생태계를 구축했다.

이들 빅테크 플랫폼 기업은 생태계 확장을 위해 혁신 기업에 적극적으로 투자하고 있다. 주목할 만한 점은 이들이 단순히 돈만 지원하는 것이 아니라 자신들이 보유한 방대한 고객 데이터베이스에 대한 접근권도 제공한다는 것이다. 또한 자신들의 강점인 간편결제·본인인증 시스템을 혁신 기업들이 활용할 수 있게 함으로써 비즈니스 영역을 확장하고 수익성을 개선할 수 있는 환경을 만들어주고 있다. 그 결과 텐센트, 알리바바와 같은 빅테크 플랫폼들은 플랫폼의 플랫폼인 '하이퍼 플랫폼Hyper platform'으로 군림하며 막강한 영향력을 행사하고 있다. 실제로 디디추싱, 핀둬둬拼多多, 메이퇀뎬핑 등 수많은 기업들이 이들 빅테크 플랫폼의 투자와 지원에 힘입어 신생 스타트업에서 거대 공룡으로 성장했다. 텐센트의 경우 2020년 말 기준으로 투자한 회사가 상장 기업 100여 개를 포함해 1,200개에 이르고, 이들의 지분 가치만 해도 2,800억 달러(한화 약 316조 원)를 상회하는 것으로 나타났다.

이를 감안하면 중국의 빅테크 플랫폼 기업들이 모빌리티 산업에 투자하는 이유는 분명하다. 전자상거래, 핀테크, 콘텐츠, O2O 서비스 등 기존 플랫폼 서비스에 모빌리티를 추가함으로써 자사의 슈퍼앱 생태계를 한층 강화하려는 것이다. 예를 들어 코로나19 팬데믹으로 수요가 급증한 원격진료 서비스의 경우 빅테크 플랫폼의 주요 투자처이자 모빌리티와 큰 시너지 효과를 낼 수 있는 분야다. 참고로 중국 정부는 낙후된 의료 시스템을 개선하기 위해 2015년부터 인터넷 병원 설립을 허용하는 등 관련 규제를 대폭 완화하는 한편, 건강보험 적용 범위를 지속해서 확대함으로써 원격진료를 포함한 온라인 헬스케어 산업을 적극적으로 육성해왔다.

더욱이 중국의 빅테크 플랫폼 기업들은 이미 전자상거래, 게임, SNS 등으로부터 막대한 수익을 내고 있다. 이러한 점은 모빌리티 사업에 대한 투자 부담을 상당 부분 완화해줄 뿐만 아니라 기존 플랫폼 서비스와 시너지 효과를 만들어냄으로써 모빌리티 사업의 수익화 시점을 앞당기는 효과도 가져온다. 결국 빅테크 기업들의 진출로 이동은 자동차가 수행하는 단 하나의 기능이 아니라 수많은 기능 중 하나가 될 것이고, 모빌리티의 중심 역시 다양한 파생 비즈니스로 옮겨가게 된다. 마윈 전 알리바바 회장은 2016년 "현재 스마트폰 기능의 80% 이상이 전화 통화와 무관한 것처럼 앞으로 자동차도 기능의 80%가 운송과 관련이 없어질 것"이라고 언급한 바 있는데, 이 같은 전망이 현실화되는 것이다.

중국의 빅테크 플랫폼이 모빌리티 영역에 진출해 가장 큰 시너지 효과를 낼 수 있는 분야는 무인無人배송이다. 자율주행 기술이 빠르게 발전하고는 있지만 아직까지 기술적·법적 제약으로 사람의 안전을 완벽히 확보하는 이른바 '완전 자율주행' 단계에 이르지 못한 상황인 만큼 우선 무인으로 물건을 배송하는 서비스가 주목받는 것이다. 관련 시장도 빠르게 성장하고 있다. 단적으로 전자상거래가 유통시장의 대세로 자리 잡으면서 중국의 택배 시장은 매년 가파른 성장을 거듭하고 있다.

다음 그래프에서 보는 것처럼 2013년 약 92억 건에 불과하던 중국의 택배 물량은 2020년에는 약 833억 건으로 대폭 늘어났다. 하루 평균 2억 3,000건의 택배가 처리되는 셈이다. 이에 같은 기간 택배 업무 관련 매출도 2013년 1,055억 위안(한화 약 19조 원)에서 2020년에는 8,795억 위안(한화 약 158조 원)으로 급증했다. 이처럼 엄청난 규모로 성장하고 있는 중국의 택배 시장은 자율주행 기술을 보유한 혁신 기업에 새로운 비즈니스 기회를 제공한다. 물류 운송 최적화를 위한 데이터를 얻을 수 있을 뿐만 아니라 무인배송을 도입함으로써 인건비를 크게 감소시킬 수 있기 때문이다.

중국 택배 물량 건수 추이

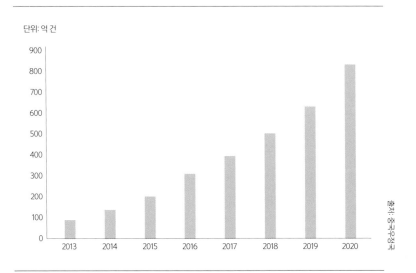

단위: 억 건

출처: 중국우정국

중국 전자상거래 시장이 급속도로 커지면서 택배 물량도 기하급수적으로 늘고 있다. 방대한 중국의 택배 시장은 자율주행 관련 기업에 새로운 비즈니스 기회를 제공한다.

더욱이 중국의 전자상거래 시장은 전 세계 주요국들 가운데서도 경쟁이 가장 치열하고 다양한 비즈니스 모델이 만들어지는 곳이다. 기존의 온라인 쇼핑을 비롯해 공동구매 형태의 소셜커머스, 라이브커머스, 당일배송, 매장 픽업, 1~2시간 배송 등 새로운 서비스들이 계속해서 출시되고 있으며, 각 부문에 대응하는 모빌리티 수요도 빠르게 확대되고 있다. 그리고 코로나19 팬데믹으로 언택트 소비가 보편화하면서 이 같은 트렌드는 한층 가속화했다. 무인배송이 대면 접촉에 대한 우려를 덜어주고 격리조치로 인한 배송 인력난을 해소해주었기 때문이다.

실제로 무인배송을 활용하면 라스트 마일 관련 배송비를 크게 줄일 수 있다. 지난 20년간 중국 전자상거래의 진화과정을 살펴보면 처음에는 도시와 도시를 연결하는 장거리 전자상거래에서 시작해 도심 100km 이내의 중거리 전자상거래로, 그리고 이제는 도어투도어Door to Door 서비스가 핵심인 근거리 전자상거래로 발전하면서 라스트 마일의 중요성이 더욱 커지고 있다. 라스트 마일은 소비자 입장에서 제품 및 서비스에 대한 경험이 처음으로 형성되는 중요한 단계인 동시에 공급자 입장에서는 물류과정 중에서 가장 큰 원가 비중을 차지하고 효율성이 낮은 부분이기도 하다. 글로벌 컨설팅 기업인 PWC에 따르면 라스트 마일은 전체 물류비용의 절반가량을 차지하는데, 바로 이 부분이 전자상거래 업체가 자율주행을 적용한 무인배송 서비스로 비용 절감 효과를 누릴 수 있는 지점이다. 미국 투자은행인 모건스탠리 Morgan Stanley는 연간 약 900억 달러를 물류비용으로 사용하는 아마존이 자율주행 기술을 활용할 경우 연간 약 200억 달러를 절감하게 될 것이라고 분석한 바 있다.

　　대부분의 중국 빅테크 플랫폼 기업들이 전자상거래 사업을 영위하고 있다는 점을 감안하면, 이들이 모빌리티 부문에 공격적으로 투자하는 것은 매우 자연스러운 일이라고 할 수 있다. 중국 최대 전자상거래 업체이자 차이냐오菜鸟라는 거대 물류 회사를 운영하고 있는 알리바바가 대표적이다. 매일 10억 건씩 쏟아지는 택배 물량을 소화하고 근거리 배송 비용을 낮추기 위해 알리바바는 2020년 9월에 작은 당나귀라는 의미를 가진 '샤오만뤼小蜜驴'라는 무인배송 로봇을 선보였다. 네 바퀴를 단 큰 여행용 가방처럼 생긴 이 로봇은 물류 집하장

알리바바 택배 로봇 샤오만뤼. 샤오만뤼는 출시 1년 만인 2021년 9월에 누적 100만 건의 배송을 돌파했다. 알리바바는 샤오만뤼를 통해 배송의 효율성을 높이는 한편 자사의 자율주행 관련 연구에 활용하고 있다.

에서 출발해 고객이 있는 주택이나 사무실까지 스스로 이동해 물건을 배송하게끔 설계되었다. 또한 인공지능 센서를 통해 0.01초 이내에 보행자와 차량 등 100여 개의 물체를 동시에 포착하고, 한 번에 50개 가량의 물품을 운반할 수 있으며, 1회 충전으로 약 100km를 주행할 수 있다.

현재 알리바바는 중국 22개 성의 100여 개 대학에서 무인배송 서비스를 제공하고 있는데, 2024년 말까지 10,000대의 샤오만뤼를 추가로 투입할 예정이다. 나아가 최근에는 레벨4 수준의 자율주행 트럭이자 큰 당나귀라는 의미를 가진 '다만뤼大蛮驴'에 대한 연구 및 개발도 시작했다. 샤오만뤼가 주로 대학 내 근거리 저속운행에 주력했다면, 다만뤼는 배송 거리가 10km에 이를 만큼 길고, 주행속도도 훨씬 빨라 지역 물류센터에서 소비자에게 전달하는 라스트 마일 단계에 적극적으로 활용할 예정이다. 이와 함께 알리바바는 산하의 음식 배달 기업인 어러머餓了么와 신선식품 전문매장인 허마셴성盒馬鮮生에도 무인배송, 서빙 로봇을 도입하는 등 리테일 모빌리티에 대한 투자를 확대하고 있다.

중국 최대 생활서비스 플랫폼인 메이퇀뎬핑 역시 음식 배달에 무인배송을 적극적으로 도입하고 있다. 2013년에는 약 1억 명이었던 중국 음식 배달 앱 이용자 수가 2020년에는 약 4억 5,600만 명을 기록하는 등 음식 배달 시장이 가파른 성장세를 보이고 있기 때문이다. 메이퇀뎬핑은 2021년 4월 베이징 북동쪽에 있는 순이구順义区에서 로봇을 활용한 무인배송 서비스를 정식으로 시작했는데, 24시간 운행이 가능한 이 무인배송 로봇의 최고 주행속도는 시속 80km로 150m 정도 떨어진 장애물을 사전에 감지해 속도를 조절할 수 있다. 또한 메이퇀뎬핑은 도심 저고도 물류를 위해 드론을 활용한 배송 시스템 구축에도 나서는 등 최근 몇 년간 스마트 물류 및 로봇공학에 대한 투자를 확대하며 유통 효율성을 높이고 배송 비용을 절감하는 데 주력하고 있다.

중국의 물류 혁신을 주도하는 기업으로는 징동닷컴도 빼놓을 수 없다. 징동닷컴은 2000년대 중반부터 막대한 자금을 투입해 퍼스트 마일First mile •에서 라스트 마일로 이어지는 물류의 모든 구간을 내재화했고, 최근에는 무인 스마트배송 터미널无人智慧配送站과 5G 물류단지

• 산지에서 창고까지 상품을 이동시키는 단계.

를 조성하는 등 첨단 물류 시스템 구축에도 적극적으로 나서고 있다. 또한 중국 전역에 설치된 900개 이상의 물류창고에 인공지능과 자동화 설비를 적용해 비용 절감과 효율성 향상에 성공했다. 영국의 물류조사기관인 트랜스포트 인텔리전스Transport Intelligence에 따르면 징동닷컴은 글로벌 주요 23개 전자상거래 업체 중에서 매출액 대비 물류비용 비중이 가장 낮은 기업으로 나타났다. 여기에 코로나19 팬데믹 사태는 징동닷컴의 물류 부문의 경쟁력을 더욱 부각했다. 코로나 19 발원지인 우한武汉이 봉쇄되었을 때, 레벨4 수준의 자율주행 기술과 중국의 독자 위성항법 시스템인 베이더우北斗가 적용된 미니밴이 약 13,000건의 배송 업무를 수행하면서 배송 차질을 최소화한 것이다. 징동닷컴은 이를 계기로 바이두의 자율주행 미니버스인 '아폴롱Apolong'을 제작한 진롱자동차King Long와 협력해 2025년까지 10만 대 이상의 자율주행 미니밴을 중국 전역에 배치하기로 하는 등 무인배송 관련 투자를 확대하며 생활밀착형 모빌리티 서비스의 대표주자로 부상하고 있다.

상품을 무인배송하는 것이 출발점이라면, 사람을 대상으로 한 자율주행차 기반의 로보택시 서비스는 필연적인 귀결이자 모빌리티 비즈니스의 종착점이라고 할 수 있다. 글로벌 차량공유 업체가 로보택시에 뛰어드는 것은 가장 큰 비용을 차지하는 운전자 인건비를 절감할 수 있을 뿐만 아니라 차량 주행 및 탑승자 데이터가 축적되면서 다양한 연관 산업에 활용할 수 있기 때문이다. 중국 최대 차량공유 업체인 디디추싱 역시 로보택시 상용화에 적극적으로 나서고 있는데, 디디추싱의 주요 주주가 텐센트, 알리바바, 바이두와 같은 빅테크 플랫폼 업체라는 점은 시사하는 바가 매우 크다. 이들은 디디추싱이 핀테크, 콘텐츠, O2O 서비스 등으로 사업 영역을 확장하는 데 도움을 줄 뿐만 아니라, 모두 자율주행에 필수적인 고정밀 지도 서비스 회사[*]를 보유하고 있고 전기차 회사에도 투자하는 등 자체 모빌리티 서비스 확장에 적극적으로 나서고 있다.

다양한 전기차 생태계

중국은 명실상부한 세계 최대의 전기차 시장이다. 중국 정부의 적극적인 육성책과 관련 기업들의 과감한 투자가 지속된 결과다. 경제 발전으로 소득수준이 향상되면서 높은 구매력과 세련된 취향을 갖춘 소비층이 뒷받침된 것도 중요한 요인으로 작용했다. 이 같은 요인들은 전기차의 수요와 공급 측면에 커다란 이점을 가져다주었다. 단적으로 중국 전기차 시장의 거대한 성장 잠재력에 이끌려 로컬 기업뿐만 아니라 글로벌 완성차 업체들이 막대한 자금과 기술을 쏟아부었고, 중국 내 전기차 밸류체인(전기차용 원자재-배터리-부품-완성차-충전소)이 촘촘하게 구축되는 데에도 크게 기여했다.

구체적으로 독일의 폭스바겐은 중국제일자동차그룹, 상하이자동차그룹, 장화이자동차Jianghuai Automobile Group Co., Ltd., JAC 등 중국의 합작

---

[*] 알리바바는 가오더디투, 텐센트는 텅쉰디투腾讯地图, 바이두는 바이두디투百度地图를 보유하고 있다.

사 3곳과 함께 2025년까지 150억 유로(한화 약 20조 5,000억 원)를 투자하겠다고 밝혔는데, 이를 통해 전기차와 플러그인하이브리드 등 15개 신모델을 출시하고 전체 생산 차량의 35%를 전기차로 전환할 계획이다. 또한 폭스바겐은 배터리의 안정적인 수급을 위해 중국 최대 배터리 업체인 CATL과 협력하는 한편, 3위 배터리 업체인 궈쉬안하이테크國軒高科의 지분을 인수해 최대주주가 되었다.

이와 함께 비야디, 지리자동차, 상하이자동차 등 로컬 업체들도 전기차 신모델 개발을 포함해 첨단 배터리 기술과 충전시간 단축 기술 등 전기차와 관련된 투자를 다방면으로 추진하고 있다. 이러한 움직임은 중국의 전기차 산업을 글로벌 수준으로 업그레이드할 뿐만 아니라 수요와 공급의 선순환으로 이어져 전기차 침투율을 가속화하는 요인으로 작용하고 있다.

이렇게 볼 때 중국의 전기차 생태계가 매우 탄탄하고 다양하다는 것은 전혀 놀라운 일이 아니다. 거대한 중국 시장에서 자동차라는 내구 소비재의 특성상 지역별·소득계층별·연령별로 소비성향이 다변화되어 있는 데다 관련 기업들이 적극적으로 투자하고 있기 때문이다. 실제로 중국에는 우링훙광五菱宏光의 '훙광미니', 창안자동차長安汽车의 '벤벤奔奔E-Star'와 같은 초소형 전기차에서부터 니오의 ES8, 테슬라의 모델S와 같은 프리미엄 전기차에 이르기까지 다양한 모델들이 있다. 특히 훙광미니와 같이 실용성을 강조한 소형 세단 모델이 테슬라와 어깨를 견줄 만큼 높은 인기를 누리며 전체 전기차 판매량의 큰 비중을 차지하고 있다는 점은 다른 국가에선 보기 힘든 모습이다. 참고로 상하이자동차, 우링자동차五菱汽車, GM의 중국 합작사인 우링훙

96

광이 생산한 홍광미니는 2.9~3.9만 위안(한화 약 520~700만 원)의 저렴한 가격을 강점으로 내세우며 2020년 중국 전기차 판매량 2위를 차지했다. 한 번 충전으로 170km를 주행할 수 있어서 도시 출퇴근이나 농촌의 단거리 이동 수요를 흡수하기에 적합한 모델이기 때문이다. 이에 따라 홍광미니는 전기자전거를 포함한 저속전기이동수단Low-Speed Electric Vehicles, LSEV의 대체재로 자리매김하며 빠르게 시장 점유율을 확대하고 있다. 테슬라가 중국 시장에서 먼저 보급형 모델2를 출시하는 것도 그만큼 중국의 저가 전기차 수요가 크기 때문이다. 이처럼 다양한 전기차 생태계는 폭넓은 소비자층의 욕구를 만족시키며 중국 전기차 시장 확대에 크게 기여하고 있다.

중국 전기차 생태계의 다양성은 여기서 그치지 않는다. 현재 중국

출처: 우링홍광

중국에서는 홍광미니와 같이 실용성을 강조한 소형 세단 모델이 테슬라와 어깨를 견줄 만큼 높은 인기를 누리며 중국 전기차 시장 성장에 일조하고 있다.

전기차 배터리 시장에는 LG에너지솔루션, 삼성SDI 등 국내 업체들의 주력 제품인 삼원계Nickel·Cobalt·Manganese, NCM 배터리와 CATL, 비야디 등 로컬 업체들이 생산하고 있는 리튬인산철Lithium·Ferrum·Phosphoric acid, LFP 배터리가 공존하고 있다.[*] 일반적으로 리튬인산철 배터리는 삼원계 배터리에 비해 에너지 밀도가 낮고 무게가 무겁다고 평가되지만, 로컬 업체들은 기술 혁신을 통해 에너지 밀도와 주행거리를 대폭 개선했다. 이에 치열한 가격 경쟁에 직면한 중국 전기차 업체뿐만 아니라 테슬라, 폭스바겐 등과 같은 글로벌 업체들도 리튬인산철 배터리 탑재에 적극적으로 나서고 있으며, 그 결과 2021년 상반기에는 처음으로 중국 배터리 시장에서 리튬인산철 배터리 생산량이 삼원계 배터리 생산량을 추월했다.

한편, 순수 전기차와 하이브리드차 이외에도 가솔린 엔진과 배터리를 겸용하는 주행거리 연장형 전기차Extended-Range Electric Vehicles, EREV의 판매도 늘어나고 있다. EREV는 기본적으로 배터리에 저장된 전기를 활용해 모터를 구동하되, 배터리 충전량이 떨어지면 가솔린 엔진이 발전기 역할을 하며 배터리를 충전하는 시스템으로 이뤄져 있다. 전기차 특유의 가속력과 편안한 승차감과 같은 장점은 유지하면서도 가솔린 엔진의 높은 열효율을 활용해 자동차의 성능을 극대화했다. 순수 전기차에 비해 배터리 용량은 작지만, 가솔린 엔진을 활용하면 주행거리가 내연기관차 수준인 800km로 늘어나 충전 인프라가 충분

- 리튬이온배터리는 양극재, 음극재, 분리막 등으로 구성된다. 이 중 니켈·코발트·망간 등 세 가지 물질을 섞어서 양극재를 만들면 삼원계 배터리, 리튬·인산·철을 쓰면 리튬인산철 배터리라 부른다.

리튬인산철 배터리와 삼원계 배터리 특징 비교

	리튬인산철 배터리	삼원계 배터리
주요 소재	리튬, 인산, 철	니켈, 코발트, 망간, 알루미늄
제조 원가	낮음	높음
에너지 밀도 (주행거리)	낮음 (짧은 주행거리)	높음 (긴 주행거리)
안정성	높음	낮음
무게	무거움	가벼움
주요 생산국	중국	한국, 일본

히 깔려있지 않은 3선 이하의 지방도시에 적합하다는 점도 플러스 요인이다. 중국에서 EREV 방식을 채택한 차량으로는 중국판 테슬라 중 하나인 리오토의 SUV 모델 리샹理想원ONE, 전기차 업체인 싸이리쓰賽力斯가 화웨이와 합작해 만든 SUV 모델인 SF5 등이 있다.

이와 함께 최근 니오의 배터리 구독서비스Battery as a Service, BaaS도 큰 인기를 얻고 있다. 니오의 배터리 구독서비스는 전기차의 차체와 배터리를 분리해서 차체만 판매하고 배터리는 임대하는 비즈니스 모델로 소비자들의 자동차 구매비용을 크게 낮추고 배터리 충전시간을 5분 이내로 단축한다는 장점을 지니고 있다. 배터리 스왑 스테이션을 통해 완충된 배터리로 교환해줌으로써 전기차의 가장 큰 단점으로 꼽히는 긴 충전시간 문제를 해소한 것이다. 기업 입장에서도 최대 7만 위안(한화 약 1,200만 원)에 이르는 판매가격 할인 효과로 잠재 고객층이 확대될 뿐만 아니라 안정적인 구독서비스 수익을 지속해서 얻는 효과를 거둘 수 있다. 중국 정부 역시 전기차 충전난을 해결하기 위해 중국 전역에 걸쳐 배터리 스왑 스테이션 구축 사업을 지원하고 있으며 이에 다른 기업들도 앞다퉈 BaaS 비즈니스 모델을 도입하고 있다.

05

테슬라가 끌고 정부가 미는
중국 전기차 시장

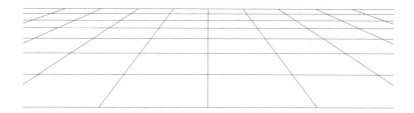

전기차 업계의 애플, 테슬라의 등장

2020년은 글로벌 자동차 업계에 악몽과도 같은 한 해였다. 코로나19 팬데믹으로 자동차 판매가 급감한 데다 전기차를 중심으로 자동차 산업의 패러다임이 달라졌기 때문이다. 우선 코로나19 팬데믹으로 자동차 판매가 급격히 위축되면서 자동차 업계는 공급망 훼손에 따른 생산 차질이라는 전대미문의 위기를 맞았다. 이에 주요 완성차 업체들은 대규모 구조조정을 단행했고, 관련 부품 업체들 역시 큰 타격을 입었다.

주목할 만한 점은 이런 상황에서도 전기차 부문은 자동차 섹터들 가운데 유일하게 판매량이 증가했다는 것이다. 여기에 자동차 산업의 위기상황에 대한 각국의 대응 역시 완성차 업체에 더욱 불리하게 작용했다. 유럽의 경우 전통적으로 경제위기 때마다 경기부양을 위해 내연기관차에 대한 대규모 지원 정책을 시행했으나, 코로나19 팬데믹이 발생하자 대대적인 친환경차 육성책을 펼쳤다. 중국과 미국도 내연기관차를 지원하는 대신 전기차 보조금 지급 및 인프라 확충에 적극적으로 나섰다. 가뜩이나 위기를 겪고 있는 상황에서 변화를 한층 더 서두를 수밖에 없게 된 것이다. 상황이 이렇게 되자 글로벌 완성차 업체들도 발 빠르게 대응하기 시작했다. 중장기적으로 내연기관차의 생산을 중단하고 100% 전기차만 생산하겠다는 전략을 경쟁적으로 내놓았다. 전 세계적으로 내연기관차에 대한 환경규제가 갈수록 강화되는 데다 배터리 성능의 개선 등으로 전기차 관련 비용도 빠르게 하락했기 때문이다.

자동차 산업의 이 같은 변화를 앞장서서 견인한 것은 단연 테슬라였다. 일론 머스크가 이끄는 테슬라는 케이스 기반의 미래 모빌리티를 주도하는 기업으로 클레이튼 크리스텐슨Clayton Christensen 전 하버드대 교수가 주창한 파괴적 혁신Disruptive innovation •을 실현한 대표적인 사례로 꼽힌다. 아이폰 이전에도 스마트폰이 있었듯이, 테슬라 이전에도 전기차는 있었다. 하지만 아이폰이 출시된 이후 스마트폰의 혁신

• 크리스텐슨 교수가 1997년에 발간한 저서 《혁신 기업의 딜레마》에서 소개한 개념이다. 기존 질서를 뒤흔들며 시장을 장악하는 전략으로, 기존 제품과 서비스의 연장선상에서 점진적으로 진행되는 존속적 혁신Sustaining innovation과 대비되는 개념이다.

테슬라는 전기차 업계의 애플로 불릴 만큼 전기차 시장의 신기원을 열었다고 평가받는다. 모델S, 모델3, 모델X, 모델Y 등의 라인업을 바탕으로 글로벌 전기차 시장을 선도하고 있다. 단순히 차량 제조 기업이 아니라 자율주행을 위한 소프트웨어, 충전 네트워크, 플랫폼 비즈니스 등에서 탁월한 경쟁력을 나타내며 미래 모빌리티 시장의 게임체인저로 평가받는다.

이 본격적으로 이뤄진 것처럼, 테슬라가 등장한 이후에야 전기차 시장이 급성장하기 시작했다.

잘 알려진 것처럼 2010년대 중반까지만 해도 기존 자동차 업계는 전기차 시장의 성장성에 대해 무척 회의적이었다. 배터리 가격이 비싼 탓에 가격 경쟁력이 떨어질 뿐만 아니라 배터리 탑재 용량이 제한적이다 보니 주행거리도 짧았다. 부족한 충전 인프라와 긴 충전시간은 이용자들에게 가장 큰 골칫거리였다. 닛산 리프, 쉐보레 볼트 등 초기 전기차 모델이 대부분 출퇴근용 소형차였던 것도 이 때문이었다. 하지만 테슬라가 등장하면서 상황이 완전히 달라졌다. 테슬라는 2012년에 높은 상품성을 갖춘 모델S를 출시함으로써 전기차의 신기원을 열었고, 이후 모델X(2013년), 모델3(2018년), 모델Y(2019년)를 잇따라 출시하며 보급형부터 프리미엄급에 이르는 다양한 라인업을 구축했다. 다른 배터리 타입에 비해 가격이 저렴한 원통형 배터리를 채택하고 여기에 테슬라의 큰 강점으로 꼽히는 배터리 관리 시스템 기술을 적용하면서 주행거리가 대폭 늘어났다. 테슬라 소유자를 위한 급속충전소 슈퍼차저Supercharger 네트워크를 촘촘히 구축한 것도 차별화된 경쟁력이다.

뿐만 아니라 테슬라는 대부분의 자동차 업체들이 레거시 코스트와 기존 부품 업체들과의 이해관계를 고려해 분산형 아키텍처를 고수한 것과는 대조적으로 원가 경쟁력과 기능 면에서 월등한 중앙집중형 아키텍처를 채택했다. 무선 업데이트를 통해 자사 클라우드로부터 전송된 소프트웨어를 차량 곳곳에 위치한 다수의 전장부품에 한번에 적

출처: 테슬라

테슬라는 독자적인 충전 인프라인 슈퍼차저를 빠르게 확대하며 이용자들의 편의성을 높이고 있다. 또한 2021년 11월 네덜란드에서 다른 브랜드 전기차도 슈퍼차저를 이용할 수 있는 파일럿 프로그램을 시작했으며, 향후 다른 국가에서도 이 같은 서비스를 제공할 예정이다.

용할 수 있는 것도 이 때문이다. 게다가 무엇보다도 8개의 카메라 센서와 오토파일럿 기능을 장착한 100만 대가량의 테슬라 차량이 51억 마일(2021년 1월 기준)에 달하는 데이터를 축적하며 자율주행 기능을 향상시키고 있는데, 이에 관한 테슬라의 경쟁력은 다른 경쟁사들에 비해 압도적이다. 그리고 이 같은 강점들을 바탕으로 테슬라는 단순히 전기차 제조에 머무르지 않고 에너지, 로보택시, 보험 등 다양한 서비스로 사업 영역을 빠르게 확장하고 있다. 또한 스페이스X의 스타링크(위성인터넷) 등 일론 머스크의 다른 사업들과 시너지 효과를 기대할 수 있다는 점을 감안하면 테슬라는 그야말로 엄청난 잠재력을 지니고 있다고 할 수 있다.

테슬라의 성공 요인 가운데 빼놓을 수 없는 것이 또 한 가지 있다. 다름 아닌 중국이다. 실제로 테슬라가 본격적인 외형 성장을 하며 전 세계 시가총액 1위 자동차 업체로 부상한 것은 2019년 중국 상하이에 기가팩토리를 건설하고 나서부터였다. 당시 테슬라는 미·중 무역전쟁이 한창 진행되고 있었던 시기였음에도 불구하고 중국 시장을 공략하기 위해 2019년 1월에 500억 위안(한화 약 9조 원)을 투자해 초대형 생산공장 건설에 돌입했다. 그리고 상하이 공장을 착공한 지 357일 만에 처음으로 생산 차량을 고객에게 인도했는데, 이는 중국에 진출한 글로벌 업체들 가운데 최단 기록이다. 이후 테슬라는 중국 시장에서 크게 인기를 끌며 전기차 판매량이 빠르게 늘어났다. 심지어 2021년 하반기에는 상하이 공장의 생산량이 미국 캘리포니아 프리몬트 공장의 생산량을 넘어설 정도였다.

테슬라가 중국 시장에 집중하는 이유는 명확하다. 머스크가 공언

상하이 기가팩토리는 테슬라의 첫 번째 해외 공장으로, 테슬라가 중국을 제조기지뿐 아니라 판매시장으로서 얼마나 중요하게 생각하는지를 단적으로 보여준다.

한 대로 테슬라가 2030년까지 2,000만 대의 생산능력을 갖추기 위해서는 글로벌 최대 전기차 시장인 중국을 반드시 공략해야 한다. 테슬라가 미국 본토를 벗어나 설립한 첫 번째 해외 생산공장이 중국에 있는 것도 이 때문이다. 게다가 중국은 자율주행 기술 도입에 적극적이고, 차량공유와 인포테인먼트, 보험 등 다양한 사업 영역으로의 확장성도 매우 높은 시장이다. 테슬라의 미래에 중국이 얼마나 중요한 역할을 할지 알 수 있는 대목이다. 게다가 단적인 예로 자율주행 기술의 완성도는 누적된 주행 데이터의 양과 질에 의해 좌우되는데, 중국에서 많은 전기차를 판매한다는 것은 곧 자율주행 부문에서 경쟁사 대비 확실한 우위를 선점할 수 있다는 것을 의미한다. 이를 위해 테슬라는 중국형 전략모델 개발에 적극적으로 나서는 한편, 공격적인 가격 인하와 충전 인프라 확충을 통해 경쟁력 강화에 전력을 다하고 있다. 실제로 테슬라는 2020년에만 3번의 가격 인하를 단행했는데, 이는 중국 정부의 전기차 보조금 상한선을 고려한 것이기도 했지만, 무엇보다 상하이 공장의 공정혁신으로 제조원가가 낮아지고 CATL의 리튬인산철 배터리를 탑재하는 등 중국산 부품의 비중이 높아진 영향이 크다. 실제로 2020년 초에는 약 25%였던 테슬라 상하이 공장의 부품 국산화율은 2021년 말에는 90% 수준에 이를 것으로 전망된다. 테슬라 상하이 공장의 생산비용이 미국 캘리포니아 프리몬트 공장의 65% 수준이라는 점을 감안하면, 중국산 부품 비중이 높아질수록 상하이 공장의 원가 경쟁력은 더욱 높아질 것으로 예상된다.

이에 더해서 중국 정부도 테슬라에 대한 지원을 아끼지 않고 있다. 대표적으로 테슬라가 외자外資 기업으로는 처음으로 100% 단독 출자해 상하이 공장을 건설할 수 있도록 허가한 것과 국영 은행을 통해 저리低利 대출과 취득세 면제 혜택을 제공한 것을 들 수 있다. 경쟁사인 폭스바겐, 도요타 등도 받지 못했던 파격적인 특혜다. 잘 알려진 것처럼 1990년대 이래 중국 정부는 글로벌 완성차 기업이 100% 지분을 소유한 독자법인 설립을 허용하지 않고, 로컬 기업과 절반씩 지분을 투자한 합작법인만 허용하는 정책을 고수해왔다. 로컬 기업이 글로벌 완성차 기업으로부터 제조기술과 이익을 전수받게 하기 위해서였다. 그러나 테슬라에게는 특별대우를 제공했는데, 이런 대우는 코로나19 팬데믹 상황에서도 이어졌다. 전염병의 확산으로 중국 전역의 생산공장이 셧다운되었을 때 중국 정부는 품귀현상을 빚던 N95 마스크와 소독제를 테슬라에 우선 공급하는 한편, 임직원들의 출퇴근 시 경찰이 호위하는 특별 통근 버스를 제공하기도 했다. 테슬라가 다른 기업에 비해 조기에 조업을 재개하며 생산 차질을 최소화할 수 있었던 것도 이 때문이다.

이 같은 전폭적인 지원의 배경에는 테슬라를 발판으로 자국의 전기차 산업을 질적으로 도약시키려는 중국 정부의 야심이 있다. 테슬라를 통해 글로벌 수준의 전기차 생태계를 구축하고, 이를 바탕으로 경쟁력 있는 로컬 기업을 육성하려는 것이다. 테슬라가 중국에서 생산량을 늘릴수록 그에 걸맞은 전문 인력과 관련 밸류체인이 함께 성장할 수 있기 때문이다. 중국 스마트폰 산업에서 애플의 위상을 떠올리면 이해하기 쉽다. 중국은 애플에 시장을 내어주고 로컬 주문자위탁생산 업체를 제공하면서 자국의 스마트폰 생태계를 키웠다. 여기서 습득한 기술력과 제조공정 노하우를 바탕으로 화웨이, 샤오미, 오포, 비보 등 초대형 스마트폰 업체들이 배출되었고, 이들은 중국 내수시장을 장악한 다음 이제는 글로벌 시장에서도 존재감을 키우고 있다.

테슬라가 주는 효과는 이뿐만이 아니다. 초기에는 자금력과 시장 점유율이 미미했던 테슬라가 글로벌 시가총액 1위 기업으로 성장한 과정 자체도 중국 기업들에게 커다란 자극제가 되고 있다. 예를 들어 테슬라는 기술 혁신에 매진하면서 글로벌 배터리 업체와의 협력을 통해 배터리를 안정적으로 조달받고 도요타의 공장을 인수해 양산 문제를 해결했는데, 이러한 과정이 중국 업체들에게 나침반 역할을 하는 것이다. 실제로 중국의 주요 전기차 관련 업체들은 테슬라를 모방하거나 테슬라와 협업함으로써 빠르게 성장하고 있다. 대표적으로 중국판 테슬라로 불리는 니오는 높은 기술력과 차별화된 비즈니스 모델로 테슬라를 바짝 추격하고 있다. 알리바바가 2대 주주로 있는 샤오펑은 차체 디자인과 디지털 계기판뿐만 아니라 자율주행 소프트웨어까지 테슬라를 모방해 급성장했으며, 최근에는 유럽향 수출도 지속적으로 늘리고 있다. 부품 업체들도 테슬라의 수혜를 입긴 마찬가지다. 테슬라를 등에 업고 글로벌 1위 배터리 시장 점유율을 유지하고 있는 CATL을 비롯해 열 제어 부품 업체인 저장싼화浙江三花, 경량화 섀시 제조업체인 탁보그룹拓普集团 등이 대표적이다.

반면 중국 시장에 진출한 테슬라가 겪을 수 있는 리스크도 간과할 수 없다. 단적으로 테슬라의 비즈니스 모델이 단순히 전기차 제조에 그치지 않고 통신 네트워크 및 플랫폼과 밀접하게 연계되면서 모빌리티 산업에 필수적인 유틸리티로 전환된다면 이에 대한 중국 정부의 견제가 본격화될 가능성이 높다. 중국 정부가 모빌리티를 미래 전략 산업으로 육성하고 있는 상황에서 미국 기업이 자국 시장의 1위 사업자가 되거나 민감한 안보 이슈를 건드리는 것은 묵과하기 힘든 사안이기 때문이다. 실제로 2021년 3월 중국 정부는 테슬라 차량이 군사 지역이나 군 관련 주택단지에 들어가는 것을 금지했다. 테슬라가 차량에 탑재된 카메라와 센서를 이용해 정보를 수집하고 이를 미국에 보낼 수 있다는 우려에서다. 이에 테슬라는 스파이 행위 의혹을 전면 부인하는 동시에 중국 내에서 수집된 데이터를 중국에서만 저장할 수 있도록 새로운 데이터센터를 건설함으로써 논란을 잠재웠다. 이후 중국 정부는 디지털 정보에 대한 감독권을 강화하는 「데이터 보안법数据

^{安全法}」을 도입해 중국에서 수집, 생산된 데이터를 해외로 유출하지 못하도록 하는 등 관련 규제를 강화했다. 2021년 7월 중국 정부가 미국 증시에 상장한 차량공유 업체 디디추싱에 대한 강도 높은 제재에 나선 것도 이러한 배경에서다. 더욱이 미국과 중국의 체제 경쟁으로 인터넷이 국가별, 지역별로 분할되는 이른바 스플린터넷Splinternet[*] 현상이 가속화하고, 미국의 화웨이 제재에서 보듯이 자율주행의 핵심 인프라인 5G 통신망을 둘러싼 주도권 경쟁이 지속될 경우 테슬라의 중국 비즈니스 역시 제약을 받게 될 가능성이 크다.

전기차에 올인한 중국 정부

중국을 글로벌 최대 전기차 시장이자 전기차 밸류체인의 중심으로 부상시킨 일등공신은 다름 아닌 중국 정부다. 일반적으로 한 국가가 전기차 시장을 부양하려 할 때 쓸 수 있는 정책카드로는 보조금 지급에 의한 직접적인 수요 창출이나 환경규제를 통한 공급 확대, 충전기 인프라 구축 등을 들 수 있다. 그리고 중국은 주요국 가운데서도 이모든 정책카드를 가장 적극적으로 구사했다. 실제로 중국 정부는 과감한 전기차 로드맵을 제시하고 있다. 중국의 자동차 산업을 총괄하는 공업정보화부에 따르면 2020년 5% 수준이었던 전기차 보급률을 2030년까지 40%로 확대하고 내연기관차 생산이 중단되는 2035년에

* '파편'을 뜻하는 '스플린터Splinter'와 '인터넷Internet'의 합성어.

중국 정부의 전기차 로드맵

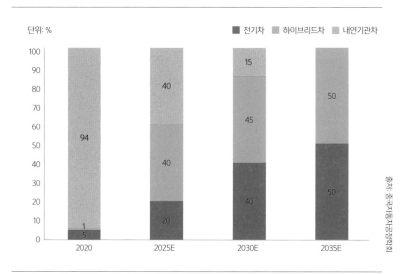

단위: %　　　　　　　　　　　　　　　■ 전기차　■ 하이브리드차　■ 내연기관차

(그래프)

- 2020: 전기차 1.5, 내연기관차 94
- 2025E: 전기차 20, 하이브리드차 40, 내연기관차 40
- 2030E: 전기차 40, 하이브리드차 45, 내연기관차 15
- 2035E: 전기차 50, 하이브리드차 50

중국 정부는 모빌리티 강국으로 거듭나기 위해 과감하고 일관된 정책을 펼치고 있다. 2015년을 기점으로 파격적인 보조금 및 내연기관차 구매 제한정책을 통해 전기차 수요를 늘리는 한편, 완성차 업체에 다양한 인센티브를 부여해 전기차 생산에 적극적으로 나서게 만들었다.

는 50% 이상으로 끌어올릴 전망이다.

　중국 정부가 전기차 산업 육성에 본격적으로 나선 것은 2015년부터다. 이때부터 파격적인 보조금 및 세제 혜택을 제공하고 대도시를 중심으로 내연기관차 구매를 제한하는 정책을 펼치기 시작했다. 예를 들어 베이징, 상하이 등 1, 2선 대도시에서 내연기관차의 번호판 발급량을 제한했는데, 이에 따라 소비자들은 자동차를 구매할 돈이 있어도 추첨이나 경매를 통해 번호판을 얻지 못하면 자동차를 타고 다닐 수 없게 되었다. 추첨이나 경매 방식으로 책정되는 번호판의 가격이 수만 위안을 호가하게 된 것도 이 때문이다. 반면 전기차의 경우 번호판을 신청하면 내연기관차처럼 기다릴 필요 없이 곧바로 발급될 뿐만 아니라 번호판 비용도 무료다. 내연기관차 판매를 억제하고 전기차 판매를 촉진하려는 중국 정부의 의지가 고스란히 반영된 정책이다. 또한 중국 정부는 자동차 업체의 평균 연비를 규제하는 CAFC Corporate Average Fuel Consumption 크레딧 정책과 자동차 생산량 중 일정 비율의 전기차를 의무적으로 생산해야 하는 NEV New Energy Vehicle 크레딧 정책을 조합해 전기차 공급을 장려하고 있다. 연비가 좋은 고성능 전기차를 많이 생산하는 기업들은 추가적인 크레딧 수익을 얻을 수 있고, 반대로 그렇지 못한 기업들은 보조금 삭감과 크레딧 비용까지 부담하도록 한 것이다.

중국 정부는 전기차 충전 인프라 구축에도 적극적이다. 코로나19 경기부양책인 신형 인프라 사업에 전기차 충전소를 포함시켰으며, 지방정부와 주요 업체들도 전기차 인프라 확충에 적극적으로 나서고 있다. 이와 관련해 중국 거시정책을 관장하는 국가발전개혁위원회 National Development and Reform Commission, NDRC는 2020년에 100억 위안(한화 약 1조 8,000억 원)을 투자해 전기차 충전기를 180만 기로 늘리겠다는 계획을 발표했으며, 베이징의 경우 2022년까지 전기차 충전기 5만 기 이상을 신규 건설하고 충전설비 업체에 최대 20만 위안의 세제 혜택 및 보조금을 지원하기로 했다. 이 같은 계획이 실현될 경우 2020년에는 3 대 1 수준이었던 중국의 전기차 대 충전기 비율이 2025년이 되면 1 대 1 수준으로 떨어질 것으로 예상된다.

다른 주요국과 비교해 플러그인하이브리드 대비 순수 전기차 Battery Electric Vehicle, BEV의 비중이 월등히 높다는 것도 중국 정부의 전기차 정책이 효과적이었음을 입증한다. 유럽의 경우 엄격한 환경규제정책을 추구했음에도 불구하고 기존 내연기관차 기술을 최대한 활용하고 자동차 업체들의 수익성을 보호하기 위해 플러그인하이브리드 위주의 전기차 전략을 구사해왔다. 이에 반해 중국은 애초부터 순수 전기차 위주로 시장이 발달했다. 정부가 자국산 배터리를 장착한 순수 전기차에 보조금을 몰아줬고, 여기에 발맞춰 로컬 기업들도 저가형 자체 브랜드를 잇따라 출시하면서 시장 점유율 확대에 나섰다. 이에 중국은 순수 전기차가 전체 전기차 판매량의 약 80%에 이를 만큼 높은 비중을 차지하고 있고, 이는 글로벌 전기차 시장에서 주도권을 확보할 수 있는 기반으로 작용하고 있다. 여기에 글로벌 완성차 업체들도 중국 시장에서 다양한 순수 전기차 모델을 대거 출시하고 있어서 조만간 전기차가 중국 자동차 시장을 선도하는 핵심동력이 될 것으로 전망된다.

그렇다면 중국 정부가 전기차에 올인하게 된 이유는 무엇일까? 케이스로 대변되는 미래 모빌리티의 헤게모니를 장악하기 위해서는 최대 격전지가 될 전기차 부문에서 경쟁력을 갖추는 것이 무엇보다 중요하다는 것을 미리 내다봤기 때문이다. 미국과 유럽 등 선진국이 보유한 내연기관차 기술과 경쟁력을 따라잡기 어려운 상황에서 새롭게 떠오르는 전기차는 상당히 매력적인 대안이었다. 복잡한 엔진 기술이 필요 없고 중국이 강점을 갖는 전장부품과 소프트웨어를 활용할 수 있어서 선발주자들을 추월할 수 있는 아이템이었던 것이다. 뿐만 아니라 사물인터넷을 지원하는 움직이는 IT 단말기 역할을 할 수 있고, 에너지와 통신, 구동 속도 면에서 모빌리티의 종착점인 자율주행에 더 적합하다는 점도 중국 정부가 전기차에 집중하게 된 중요한 이유다. 이러한 노력에 힘입어 중국의 전기차 경쟁력은 빠르게 상승하고 있다. 자동차 만년 수입국이었던 중국이 이제는 오히려 유럽과 일본 등으로 전기차를 수출하고 있다. 중국 전기차 브랜드가 가성비와 품질 경쟁력을 갖췄다는 방증이다.

　미래 핵심산업에서 중국이 추월 전략을 펼친 것은 이번이 처음이 아니다. 중국은 그간 철강, 석유화학, 가전, 디스플레이, 스마트폰 등 수많은 부문에서 선도자들을 따라잡은 전력이 있다. 주목해야 할 점은 최근 중국의 추월 전략이 만도초차弯道超车에서 환도초차换道超車로 진화하고 있다는 것이다. 중국어에 익숙하지 않은 사람에게는 다소 생소한 표현일 수 있으니 이를 좀 더 풀어서 설명해보겠다. 우선 만도弯道는 '커브길'이고 초차超车는 '차를 추월한다'라는 뜻이다. 즉, 만도초차는 자동차 경주에서 커브길을 돌 때 순위가 바뀌듯 글로벌 금융위기와 같은 격변기에 중국이 선진국을 추월할 수 있는 기회가 생긴다는 의미다. 커브길에서 선두주자와 충돌할 위험을 감수하고 인코스로 파고들든지, 튕겨져 나갈 수 있음에도 불구하고 아웃코스에서 과감하게 속도를 내는 방식으로 순위를 뒤집는 것이다. 하지만 이제는 커브길에서도 선진국을 추월하기가 쉽지 않아지자 중국은 아예 환도换道, 즉 길을 바꿔서 선진국을 추월하는 전략으로 선회하고 있다. 통신산업이 대표적이다. 통신산업의 경우 한 번 표준화 경쟁에서 주도권을 뺏기면 다른 응용산업에서도 주도권을 내주게 되는데, 중국은 과거 3G와 4G 이동통신 상용화 때 자체 기술을 확보하지 못해 해외 기술에 의존했던 경험이 있다. 이에 중국 정부는 아예 길을 바꿔 앞으로 다가올 5G 시대에는 주도권을 잡기로 결정하고 이를 위해 공격적인 투자에 나섰다. 중국 통신업계에서는 "3G는 추격, 4G는 동행, 5G는 선도"란 말이 회자되기도 했다. 결국, 중국은 5G 부문의 기술력과 표준화 경쟁에서 글로벌 주도권을 확보하게 되었는데, 이런 모습이 이제 전기차 부문에서도 재현되는 것이다.

중국 정부는 장기적인 안목에서 전기차 밸류체인을 아우르는 종합적인 계획을 수립하고 이를 일관되게 추진해왔다. 첨단 제조업 육성 정책인 '중국제조 2025'에서 전기차를 핵심사업으로 선정했으며, 2020년 말 국무원이 발표한 '신에너지 자동차 산업발전계획'에는 2025년까지 전기차 판매 비중을 20%까지 늘리고, 핵심 기술 개발과 고속 충전소 및 배터리 교환소 등 인프라 구축에 적극적으로 나선다는 내용이 담겨 있다. 이 계획에 명시된 20% 목표치를 달성하려면 전기차 판매량이 2025년에 500만 대 이상은 되어야 한다. 2020년 중국의 전기차 판매량이 120만 대였던 점을 감안하면 5년 동안 판매량이 4배 이상 증가해야 달성 가능한 수치다.

중국 정부가 전기차 육성에 주력하는 또 다른 이유는 극심한 대기오염과 에너지 안보 때문이다. 세계 1위 탄소배출국인 중국은 갈수록 심각해지는 대기오염 문제를 해결하기 위해 환경규제를 대폭 강화하는 한편 친환경 산업을 육성하기 위해 다양한 정책을 펼치고 있는데, 전기차는 이 같은 목표를 달성하기 위한 핵심적인 수단이다. 사실 환경오염과 기후변화는 중국만의 이슈가 아니라 전 지구적인 문제라고 할 수 있다. 전 세계 주요국이 코로나19 팬데믹에 따른 경기부양책으로 전기차 육성책을 포함한 그린 뉴딜을 선택한 것도 대기오염을 막고 기후변화에 대응하는 것이 최우선 과제로 떠올랐기 때문이다. 유럽은 2019년 말 '유럽 그린딜European Green Deal'을 통해 2050년까지 탄소중립을 달성하겠다는 목표를 밝혔고, 2030년까지 탄소배출량 감축 목표치를 1990년 대비 기존 40%에서 55%로 상향 조정했다. 또한 2020년부터 완성차 업체 평균 이산화탄소 배출량 규제를 95g/km로 대폭 강화하면서 이산화탄소 배출량이 1g 초과할 때마다 95유로의 페널티를 부과하기로 하는 등 강도 높은 규제에 나섰다. 중국도 이 같은 움직임에 적극적으로 동참하고 있다. 시진핑 국가주석은 2020년 9월 유엔총회에서 중국의 탄소배출량이 2030년까지 정점을 찍고, 2060년에는 탄소중립을 실현할 것이라고 선언했다. 이와 함께 중국 정부는 2030년까지 탄소배출량을 2005년 대비 65% 이상 줄이겠다는 목표를 제시하고, 이를 위해 현재 15% 수준인 신재생에너지 비중을 2025년까지 20%로 높일 계획이다. 2021년에 출범한 미국 바이든 정부도 전임 트럼프 정부와 달리 대대적인 친환경 정책을 펼치면서 탄소배출 및 평균 연비 관련 규제를 대폭 강화하고 있다. 이처럼 유럽과 미국, 중국 등 세계 경제 3대 축을 비롯한 주요국들이 동시다발적으로 탄소중립 정책을 시행하고 친환경, 신재생에너지 육성책을 추진하는 것은 이번이 처음이다. 이를 감안하면 향후 전기차를 포함한 친환경 산업이 구조적인 성장에 돌입할 것으로 예상된다.

내연기관에서 전기차로의 전환은 모빌리티 산업뿐만 아니라 에너지 산업에도 거대한 변화가 발생한다는 것을 의미한다. 단적으로 전 세계 1차 에너지 수요에서 가장 큰 비중을 차지하는 것이 석유이며,

중국 2060년 탄소중립 시나리오

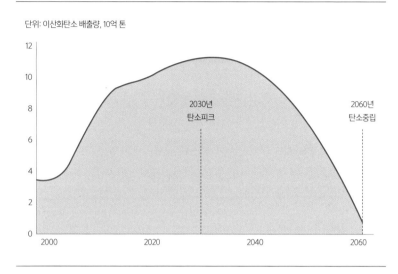

단위: 이산화탄소 배출량, 10억 톤

2030년
탄소피크

2060년
탄소중립

탄소제로의 달성은 미래의 생존을 위해 선택이 아니라 필수가 되었다. 미국과 유럽은 기후변화에 대응하기 위해 환경규제를 대폭 강화하고 있으며, 중국도 2060년까지 탄소중립을 실현하기 위해 다양한 정책을 추진하고 있다.

이 중 65%가 운송용으로 사용된다. 세계 최대 자동차 시장인 중국이 세계 1위 석유 수입국인 것도 이 때문이다. 중국의 하루 평균 석유 소비량은 약 1,200만 배럴인데, 자국 생산량은 약 400만 배럴 수준에 불과하다 보니 석유 수입의존도가 70%로 매우 높다. 여기에 대부분의 석유를 사우디, 이라크, 이란, 러시아 등으로부터 수입하고 있어 중동에서 남중국해로 이어지는 원유 수송로가 미국의 개입이나 테러 등으로 막히게 되면 큰 타격을 입을 수밖에 없다. 이와 관련해 후진타오 전 국가주석은 중국 원유 수입량의 80%가 지나가는 말라카 해협이 미국 해군에 의해 봉쇄될 경우 중국의 에너지 안보가 위협받게 된다는 이른바 '말라카 딜레마Malacca Dilemma'를 언급한 바 있다. 이렇게 볼 때 중국이 전기차로 빠르게 전환하는 것은 석유 수입의존도를 낮춰 에너지 안보를 확보하기 위한 목적도 크다. 중국은 한 걸음 더 나아가 에너지 산업 구조를 친환경으로 업그레이드하기 위해 태양광과 풍력 등 신재생에너지를 활용한 전력 생산을 대폭 늘리고 있다. 실제로 2010년 이후 전 세계 신재생에너지 관련 투자의 30% 이상이 중국에서 발생했고, 이 기간 동안 중국의 신재생에너지 설비용량은 10배이상 늘어났다. 이 같은 움직임은 중국이 세계 최대 신재생에너지 국가로 부상하는 데 크게 기여했다.

대중화 단계에 진입한 중국 전기차 시장

그렇다면 앞으로 중국의 전기차 시장은 지속적인 성장세를 이어갈 수 있을까? 이는 중국의 전기차 산업이 기술 대중화의 변곡점인 캐즘Chasm을 통과할 수 있을지 여부에 달려있다. 아무리 혁신적인 기술이나 제품도 대중화에 성공하지 못하면 관련 산업에 유의미한 파급력을 미치지 못하고 소수의 소비자만 향유하는 니치마켓Niche market에 머물게 된다. 지금껏 수많은 신제품이 초기에는 얼리어답터들에게 좋은 반응을 얻는 듯하다가 얼마 지나지 않아 수요 정체기를 맞이했던 사례가 있다. 제품 출시 후 대중화에 성공하기 전까지 수요가 급감하는 캐즘을 극복하는 것이 중요한 이유다. 혁신기술 확산이론의 선구자

기술 수용 주기

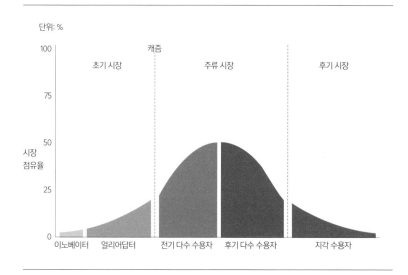

단위: %

초기 시장　　　캐즘　　　주류 시장　　　후기 시장

시장
점유율

이노베이터　얼리어답터　전기 다수 수용자　후기 다수 수용자　지각 수용자

어떤 제품이 니치마켓에 머무르지 않고 주류 시장에 진입하기 위해서는 캐즘을 넘어서야 한다. 중국의 전기차 침투율을 고려하면 전기차는 이미 캐즘을 넘어서 대중화 단계에 진입한 것으로 판단된다.

인 에버렛 로저스Everett Rogers 교수에 따르면 새로운 제품의 침투율이 10~20%가 되면 그 이후로는 대중화가 가파른 속도로 진행된다고 한다. 즉, 100명 중에서 10~20명이 해당 제품을 사용하면 대중적인 제품이 될 가능성이 높다는 뜻이다.

　이렇게 본다면 2021년 하반기에 들어서 중국의 전기차 침투율이 20%에 이른 것은 이미 캐즘을 넘어서 대중화 단계에 진입한 것으로 볼 수 있다. 게다가 전 세계 최대 자동차 시장인 중국이 바뀌면 글로벌 메가트렌드도 바뀔 수밖에 없다. 현재 중국은 글로벌 전기차 대중화를 이끄는 얼리어답터이기 때문이다. 더욱 중요한 점은 한 번 캐즘을 넘어서면 변화를 다시 되돌릴 수 없는 비가역적인 상태가 되며 신제품의 침투 속도도 한층 빨라진다는 것이다. 실증연구에 따르면 세탁기, 컴퓨터, 에어컨 등 신제품의 침투율이 10~30%일 때는 확산 속도가 초기 국면(10%대 이하)보다 3.8배 빠르고, 침투율이 30~50%로 올라가면 확산 속도는 5.4배 빨라지는 것으로 나타났다. 전기차도 이와 다르지 않다. 정부의 환경규제가 강화되고 충전 인프라가 더 많이 깔리면 더 많은 사람들이 전기차를 구입할 것이고, 이에 부응해 관련 기업들도 혁신과 투자를 지속할 것이기 때문이다.

더욱이 최근에는 중국 전기차 시장의 성장동력도 바뀌고 있다. 초기에는 보조금을 앞세운 정부의 지원에 힘입어 중국의 전기차 시장이 성장했다면, 2020년부터는 혁신 기술과 가격 경쟁력을 앞세운 민간 기업들이 시장을 주도하고 있다. 배터리 가격이 하락한 데다 공정 혁신으로 전기차 가격이 낮아지면서 보조금 의존도가 줄어든 가운데, 니오와 샤오펑 등 신생 업체들이 경쟁력 있는 신모델을 내놓고 있기 때문이다. 뿐만 아니라 이러한 움직임을 이어받아 지리자동차, 베이징자동차北汽集团, 장안자동차 등 기존의 완성차 업체들도 전기차 신모델을 잇따라 출시하고 있다. 스마트폰 시장에서 경험한 것처럼, 중국의 전기차 업체들은 선도 기업인 테슬라를 뒤쫓아 가성비 높은 모델들을 내놓으며 시장 점유율을 끌어올리는 데 성공하고 있으며, 로컬 시장에서 쌓은 경험과 경쟁력을 바탕으로 해외 시장 공략에도 적극적으로 나서고 있다. 중국이 이끄는 전기차 혁명은 이제 시작단계에 불과하다.

바이두가 선도하는
중국 자율주행 전성시대

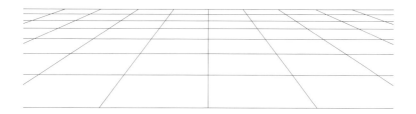

자율주행차 시대, 중국의 경쟁력

자율주행차는 운전자가 핸들과 가속페달, 브레이크 등을 조작하지 않아도 센서로 주변 환경을 인식하고 주행 상황을 판단해 스스로 목적지까지 이동하는 자동차를 말한다. 인간의 운전기능을 대신 수행하기 위해 인공지능, 센서, 5G, 클라우드 등 첨단 기술을 집약한 만큼 자율주행 분야는 4차 산업혁명 시대의 최대 격전지로 떠오르고 있다. 또한 사람들을 반복된 운전에서 해방시켜주고 교통사고를 예방하면서 교통 시스템의 효율성을 크게 향상시킨다는 점에서 모빌리티 산업의 미래 발전 방향으로도 주목받고 있다. 실제로 기존 완성차 업체 중심의 제조 시스템과 딜러망 중심의 판매 네트워크, 오프라인 대리점 A/S로 이어지는 기존의 자동차 생태계는 테크 기업과 완성차 업체의 협업, 온라인 직접 판매 및 구독서비스 확산, 무선 업데이트를 통한 소프트웨어 업데이트 등으로 빠르게 진화하고 있다. 또한 자율주행차는 사람의 이동은 물론이고 물건의 이동에도 적용 가능하므로 유통 및 물류 산업에도 큰 변화를 일으킬 것으로 예상된다. 모빌리티 산업에서 자율주행 기술이 게임체인저로 주목받는 이유다.

특히 코로나19 팬데믹 이후로 저탄소 기조가 확산되며 전기차에 대한 관심이 부쩍 높아졌지만, 사실 전기차는 자율주행을 구현하기 위한 중간 매개체의 성격이 짙다. 자동차가 바퀴 달린 컴퓨터Computer on wheel인 자율주행차가 되려면 고도의 연산능력을 갖춘 컴퓨팅 시스템을 구동하기 위해 높은 소비전력이 요구되는데, 여기에 적합한 것이 내연기관 대비 압도적인 에너지 효율성을 지닌 전기차이기 때문이다. 다시 말해 전기차를 자율주행 기술과 결합했을 때 비로소 새로운 비즈니스 모델을 전개하면서 수익성을 극대화할 수 있게 된다. 차량 공유 서비스도 마찬가지다. IT 기술의 발전으로 차량공유는 모빌리티 산업 중에서도 가장 보편화된 서비스로 자리 잡았다.

하지만 드라이버와 승객을 단순 매칭해주는 것만으로는 혁신적이라고 평가하기 어렵고, 드라이버 충원을 위한 인센티브 증가로 비용 부담도 적지 않다. 지난 몇 년간 우버, 리프트Lyft 등 차량공유 업체들이 외형적으로는 가파르게 성장한 것처럼 보여도 매출 부분에서는 대규모 적자를 지속하고 있는 이유다. 바꿔 말하면 소비자 편의성을 향상시키고 수익성을 획기적으로 개선하기 위해서는 자율주행차의 도입이 어느 때보다 시급한 상황이라고 할 수 있다. 사실 차량공유 서비스는 자율주행에 필요한 양질의 데이터를 확보하기 위한 최적의 플랫폼이기도 하다. 이렇게 볼 때 지금 당장은 모빌리티 업체들의 기업가치가 경쟁력 있는 전기차 모델의 판매 여부에 달렸지만, 2023년부터는 자율주행 기술 수준 및 상용화 여부에 따라 시장의 판도가 재편될 것으로 예상된다. 글로벌 완성차 업체뿐만 아니라 구글, 아마존과 같은 대형 테크 기업들이 자율주행차 부문에 공격적으로 투자하고 있는 것도 이 때문이다. 시장조사 업체 내비건트 리서치Navigant Research에 따르면 글로벌 자율주행차 시장 규모는 2020년 약 1,890억 달러(한화 약 210조 원)에서 2035년에는 약 1조 1,520억 달러(한화 약 1,270조 원)로 커질 전망이다.

중국도 예외가 아니다. 극심한 교통체증과 환경오염 문제를 해결하고 미래 모빌리티 산업의 주도권을 확보하기 위해 자율주행 산업에 국가적인 역량을 집중하고 있다. 이와 함께 바이두, 위라이드, 포니닷에이아이 등 혁신 기업들이 한층 업그레이드된 자율주행 기술을 내놓으면서 완전 자율주행 시대가 머지않아 도래할 것이라는 전망도 나오고 있다. 글로벌 컨설팅 업체인 맥킨지는 2030년까지 베이징, 상하이 등 중국 1선 도시에서 로보택시 침투율이 20~25%에 이를 것으로 예측했다. 물론 아직까지 중국의 자율주행 관련 소프트웨어 개발 능력이나 핵심 부품 자급도가 미국에 비해 열세인 것은 사실이다. 하지만 과감한 투자와 사업화 노력으로 관련 능력이 크게 향상되고 있으며, 미국과의 격차도 빠르게 좁혀지고 있다.

주요국 2035년 판매 예정 신차 중 자율주행차 비율

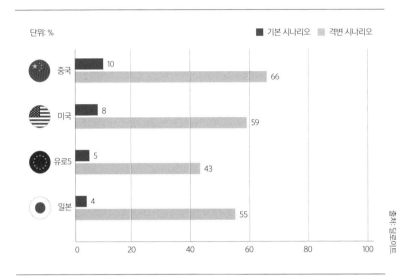

단위: %　　　　　　　　　　　　　　■ 기본 시나리오　　▨ 격변 시나리오

중국　10　66
미국　8　59
유로5　5　43
일본　4　55

출처: 딜로이트

실제로 2010년대에 들어서서 중국 정부와 테크 기업들이 첨단 기술 분야에 대한 R&D를 확대하면서 중국은 인공지능, 가상현실, 블록체인뿐만 아니라 자율주행 분야에서도 글로벌 특허 출원 1위를 차지했다. 또한 딜로이트에 따르면 2035년 주요국의 신차 판매 가운데 자율주행 기능을 탑재한 차량의 비율을 전망한 항목에서 중국이 66%(격변 시나리오)로 가장 높게 나타났다. 혁신 친화적인 소비자 비중이 높아 자율주행 기술에 대한 수용성이 높고, 중국 정부도 자율주행차 관련 인프라에 공격적인 투자를 진행하고 있다는 이유에서다.

자율주행 기술과 관련된 중국의 핵심 경쟁력은 방대한 내수시장에서 발생하는 막대한 규모의 실주행 데이터라고 할 수 있다. 데이터의 양은 자율주행차의 성능을 결정짓는 핵심적인 변수라고 할 수 있는데, 중국은 이 부문에서 다른 국가 대비 압도적인 우위를 보이고 있다. 전 세계에서 가장 많은 자동차가 판매되고 있고, 실주행 데이터를 가장 빨리 수집할 수 있는 차량공유 플랫폼 산업 역시 세계 최대 규모이기 때문에 가능한 일이다. 단적인 예로 중국의 최대 차량공유 플랫폼인 디디추싱의 일평균 매칭 건수는 약 4,100만 회로 미국 우버의 일평균 건수인 1,800만 회보다 2배 이상 많다. 뿐만 아니라 중국은 축적된 데이터를 분석, 가공할 수 있는 인공지능 기술 면에서도 차별화된 경쟁력을 갖추고 있다. 단적인 예로 BAT(바이두, 알리바바, 텐센트)로 대변되는 중국의 플랫폼 기업들은 모빌리티 부문에 막대한 자본력을 투입하고 있으며, 동시에 검색, 전자상거래, SNS 등 자사의 주력 사업 부문에서 쌓은 인공지능 및 빅데이터 기술을 적용함으로써 단기간에 괄목할 만한 성과를 거두고 있다.

물론 이 모든 것의 배후에는 빅브라더인 중국 정부가 있다. 모든 주요 전략 산업에서 그러하듯이, 중국 정부는 자율주행차 기술 로드맵 수립과 예산 배분에서 대표주자 선발, 인프라 구축에 이르기까지 모빌리티 산업 전반에 걸쳐 강력한 리더십을 발휘하고 있다. 자율주행차의 경우, 첨단 기술을 활용해 차량을 만드는 것도 중요하지만, 차량·사물 간 통신 표준과 통일된 인프라를 구축하고 법적·제도적 합의를 이끌어내는 것이 무엇보다 중요하다. 이는 이런 합의가 기존 산업 생태계와의 조화, 경쟁 업체 간 이해관계 충돌, 윤리적 이슈 등의 까다로운 문제들과 연관되어 있기 때문이다. 해결하는 데 상당한 시간과 비용이 필요하다. 권위주의 정치체제를 가진 중국이 민주적 절차와 합의를 중시하는 미국과 유럽 등 선진국보다 유리한 부분이다.

천문학적 비용이 소요되는 자율주행 인프라 구축에 있어서도 중국의 강점은 두드러진다. 중국 정부는 자율주행차 성능 향상에 필수적인 도로주행 데이터를 확보하기 위해 중국 전역에 다수의 자율주행 전용 고속도로를 건설하고 있다. 2020년 9월에 개통한 후난성 창샤長沙의 93km 길이의 자율주행 전용도로, '시진핑의 신도시'로 불리는 슝안신구雄安新区와 베이징을 잇는 100km 길이의 자율주행 전용 고속도로, 2022년 완공 예정인 항저우와 닝보를 잇는 161km 길이의 항사오융 스마트 고속도로 등이 대표적이다. 여기에는 교통정보 수집을 위한 노변설치물Road Side Equipment, RSE, 차량·사물 간 통신 시스템, 정밀 지도 기반 동적정보 시스템Local Dynamic Map, LDM 등이 설치되어 있다. 여전히 빠른 도시화가 진행되고 있는 중국의 경우 기존 인프라를 리모델링하는 것보다 새로운 도로 시스템과 안전 규칙을 만드는 편이 훨씬 효율적이다. 그리고 이 같은 작업을 선진국처럼 단기적인 투자 수익성과 효율성을 중시하는 민간 기업이 아니라 중장기 전략 목표를 추구하는 정부가 주도하고 있다는 점도 중국만의 강점이라고 할 수 있다.

실제로 중국 정부는 자율주행 산업 발전을 위해 장기적인 비전을 수립하고 이를 뒷받침할 수 있는 강력하고 일관된 지원 정책을 펼치고 있다. 2015년에 발표된 첨단산업 육성책인 '중국제조 2025'에서는 자율주행차를 자동차 산업 업그레이드를 위한 핵심 산업으로 지정했고, 2018년에는 국무원 산하 경제정책 총괄부처인 국가발전개혁위원회가 '스마트카혁신발전전략智能汽车创新发展战略'을 통해 2030년까지 자율주행 선도국으로 도약하기 위한 3단계 발전 방안을 제시했다. 여기에는 관련 제도 수립에서부터 연도별 목표치, 혁신 생태계 구축 등 미래 모빌리티 청사진이 총망라되어 있다. 이어서 2019년에는 공업정보화부의 주도로 차량·사물 간 통신 표준화 작업 및 도로 테스트에 착수했고, 2020년부터는 자체적인 자율주행 기술 등급을 확정하는 등 보다 구체화된 자율주행차 육성책을 추진하고 있다.

그리고 이를 토대로 중국 정부는 2020년 11월에 미래형 모빌리티 분야에서 글로벌 주도권을 확보하기 위한 계획의 일환으로 자율주행 침투율 목표치를 제시했다. 이에 따르면 2025년까지 전체 신차 판매 중 레벨2 또는 레벨3 수준의 자율주행 기술이 적용된 차량의 비율이 50%에 도달하고, 2030년에는 70% 이상으로 끌어올릴 전망이다. 이와 함께 사실상 운전자의 개입이 필요 없는 조건부 완전 자율주행인 레벨4 수준의 자율주행 차량의 판매도 2025년부터 시작되어 2030년에는 전체 신차 판매 중 20%를 차지할 전망이다. 그야말로 중국에서 자율주행 전성시대가 본격적으로 열리고 있는 것이다.

이처럼 중국에서 자율주행 기술은 이미 일상 속에 침투해 광범위하게 활용되고 있다. 중앙정부와 지방정부의 경쟁적인 지원에 힘입어 로컬 기업들이 개발한 자율주행차가 잇따라 출시되고 있으며, 주요 도시에서는 돌발사태에 대비해 운전자가 동승하는 유인 로보택시 시범 서비스가 활발히 시행되고 있다. 뿐만 아니라 2021년 5월부터는 운전자조차 탑승하지 않는 무인 로보택시가 운행을 시작했다. 이용자가 앱을 다운받아 QR코드로 본인 인증만 하면 원하는 목적지에 아무런 방해도 받지 않고 도착할 수 있는 서비스다. 이와 함께 자율주행 기술은 택배, 물류, 관광버스, 도로청소, 음식점 서빙 등 다양한 분야

출처: 하이난 아오다우말문화관광

2020년 5월 하이난에서 5G 자율주행 버스가 정식 운행을 시작했는데, 여기에는 5G 기반의 자율주행 기술을 포함해 엣지컴퓨팅, CVIS 지능형 교통인프라시스템 등 다양한 기술이 적용되었다.

에서 활용되고 있다. 코로나19 팬데믹으로 비대면 소비가 확산되면서 대도시를 중심으로 자율주행차를 활용한 의약품 및 음식 배달 서비스가 시행되었고, 알리바바와 징동닷컴 등 전자상거래 업체들은 택배 및 물류 업무에 자율주행 무인 시스템을 도입했다. 뿐만 아니라 하이난 등 주요 관광지에서는 5G 기술을 활용한 자율주행 관광버스가 운행되고 있으며, 베이징과 상하이, 샤먼과 같은 도시에서는 실시간 원격제어가 가능한 도로청소 및 쓰레기수거용 무인 청소차가 운영되고 있다.

중국 자율주행 국가대표, 바이두

중국 최대 검색엔진 업체로 미국 나스닥과 홍콩 증시에 상장된 바이두는 이제 중국의 자율주행 기술 혁신을 선도하는 기업으로 자리매김했다. 사실 몇 년 전까지만 하더라도 바이두는 알리바바, 텐센트와 함께 중국 IT 공룡 기업 3인방을 가리키는 이른바 'BAT' 가운데 하나로 주목받던 기업이었지만, 이후 급변하는 산업 트렌드에 뒤처지며 부진을 면치 못했다. PC 검색에서 모바일 검색으로 전환되는 과정에서 바이두의 검색시장 점유율이 위축되었고, 특히 2016년에 발생한 허위 의료광고 사고*로 광고 매출에 큰 타격을 받았다. 여기에 혁신 스타트업들의 거센 도전으로 새로운 먹거리 산업으로 떠오른 전자상거래, 모바일 결제, 쇼트 비디오, O2O 등의 부문에서도 이렇다 할 성과를 내지 못했다. 이에 IT 및 투자 업계에서는 기존 'BAT'의 'B'를 바이트댄스로 바꾸거나 메이퇀뎬핑을 포함시켜 'ATM'으로 명명해야 한다는 의견이 제기되기도 했다.

위기에 직면한 바이두는 인공지능을 4차 산업혁명 시대의 승패를 좌우할 핵심 기술로 인식하고 'All in AI'로 성장 전략의 방향을 수정했다. 인공지능을 미래 비즈니스의 중심축으로 삼겠다는 것이다. 이를 위해 빅데이터, 딥러닝, 클라우드 컴퓨팅, 자율주행 등 인공지능 관련 분야에 공격적으로 투자하는 한편, 세계적인 인재 영입에도 적극

● 한 대학생이 바이두 검색 추천 병원에서 불법시술을 받고 사망한 사건. 학생의 이름을 따 일명 '웨이저시魏則西' 사건으로 부르기도 한다. 이 사건은 바이두의 명성과 신뢰성에 큰 타격을 입혔다.

적으로 나섰다. 그 결과 바이두는 인공지능 기술 및 특허 수, 개발자 생태계 규모, 자율주행 OS, 인공지능 스피커 출하량 등에서 중국 최고 수준에 올라섰으며, 전체 매출 가운데 인공지능과 자율주행 등 신사업 비중이 차지하는 비중도 2015년 4%에서 2021년 상반기에는 35%로 급격하게 증가했다. 2020년 하반기에 바이두의 기업가치가 급등한 것 역시 신사업에 대한 기업가치 재평가가 이뤄졌기 때문이라고 할 수 있다.

이 같은 바이두의 행보는 중국 정부의 인공지능 산업 육성 전략과도 맞닿아 있다. 중국 정부는 중국의 경제구조를 인공지능을 필두로 한 첨단산업 위주로 업그레이드하기 위해 2017년에 7월에 '차세대 인공지능 발전규획新一代人工智能发展规划'을 발표하고, 이를 통해 2030년까

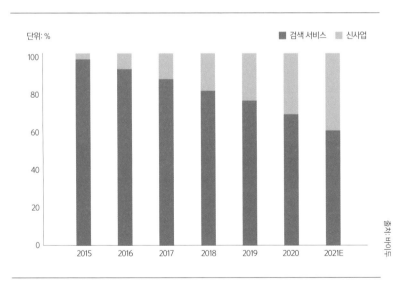

바이두 매출 중 인공지능, 자율주행 등 신사업 비중 증가 추이

지 인공지능 분야에서 글로벌 리더 국가로 부상하겠다는 목표를 제시했다. 구체적으로 여기에는 2020년까지 AI 기술 지원과 서비스 체계를 확립하고 2025년까지 제조업, 물류, 금융, 의료 등으로 AI 활용 범위를 넓힌 다음, 2030년까지 인공지능 이론 및 기술·응용 부문에서 세계 최고 수준에 도달해 중국 인공지능 연관 산업을 10조 위안(한화 약 1,800조 원) 규모로 키우겠다는 내용이 담겨있다. 같은 해 11월에 중국 정부는 직접 '인공지능 국가대표팀'을 선정해 민관 합작으로 인공지능 산업 발전을 가속화했다. 배터리, 반도체 등 다른 전략 산업과 마찬가지로 치열한 인공지능 경쟁에서 중국 정부가 과감한 정책적·재정적 지원을 통해 글로벌 플레이어를 육성하겠다는 의지를 분명히 한 것이다. 여기에는 4개 기업이 분야별 인공지능 국가대표로 선정되었는데, 바이두는 자율주행 분야의 플랫폼 구축, 알리바바는 스마트 시티 건설을 위한 '시티 브레인城市大脑 개발 프로젝트', 텐센트와 아이플라이텍iFlyTek은 각각 헬스케어와 음성인식 분야를 담당하게 되었다.

자율주행은 바이두의 인공지능 프로젝트에서 가장 중요한 위상을 차지하고 있다. 모바일 시대에서 뒤처졌던 바이두는 넥스트 플랫폼이자 미래 먹거리 산업인 자율주행에서 주도권을 확보하기 위해 전사적인 역량을 집중하고 있다. 바이두 자율주행 사업의 시작은 2013년 미국 실리콘밸리의 딥러닝연구소Institute of Deep Learning 설립부터라고 볼 수 있다. 여기서 바이두는 자동차 제조업체와 협력해 자율주행에 필수적인 고정밀 지도와 센싱 솔루션, 지능형 제어 시스템 등을 개발했다. 이어 2015년에는 자율주행 비즈니스 사업부를 설립해 베이징 인근에서 자율주행 테스트 운행을 실시했으며, 2016년에는 자율주행 기술 개발을 위해 엔비디아^NVIDIA와 파트너십을 맺고 미국 캘리포니아주에서 자율주행차 테스트를 승인받았다.

한편 바이두의 자율주행 사업은 2017년에 발표한 아폴로 프로젝트^Apollo Project 이전과 이후로 나눠진다고 해도 과언이 아니다. 아폴로 프로젝트는 바이두가 자율주행차 관련 소프트웨어를 개발하기 위해 만든 오픈소스 플랫폼이다. 바이두가 축적한 빅데이터와 기술을 소프트웨어 플랫폼 형태로 파트너사에 제공하고, 파트너사는 이를 활용해 자율주행 기술을 업그레이드하는 개방형 협력 체계라고 할 수 있다. 구체적으로 완성차 업체 및 부품 업체들은 바이두의 자율주행 컴퓨팅 시스템과 차량용 인포테인먼트 시스템인 카라이프+^Car life+, 음성인식 시스템인 듀어 OS 등을 활용해서 스마트카 제품을 만들 수 있는데, 이러한 과정에서 바이두는 중국의 자율주행 기술 표준과 생태계 조성을 주도하고 상당한 규모의 라이선스 매출도 얻게 된다. 아폴로 프로젝트에는 포드, 베이징자동차, 도요타, 현대차, BMW 등 70개 이상의 완성차 업체들이 파트너로 참여하고 있으며, 이들이 생산하는 600여 개의 차종에 아폴로 자율주행 시스템이 탑재되어 있다. 바이두는 향후 3~5년 내에 100만 대의 차량에 아폴로 자율주행 시스템을 적용하는 것을 목표로 삼고 있다. 구글이 안드로이드 운영체제를 공개해 스마트폰 소프트웨어 시장을 장악한 것처럼, 자율주행차의 소프트웨어를 오픈소스로 공개해 자율주행차 시장의 주도권을 잡으려는 것이다.

바이두는 2017년 7월에 아폴로 1.0을 공개한 이후로 지속적인 업데이트를 통해 완전 자율주행차를 위한 보다 향상된 플랫폼을 내놓고 있다. 다음의 표에서 보듯이, 아폴로 1.0 공개 이후 2개월 만에 출시한 아폴로 1.5에는 장애물 감지, 클라우드 기반 시뮬레이션, 고정밀 지도 등의 기능이 추가되어 고정 차선 자율주행이 가능해졌고, 아폴로 2.0에서는 컴퓨터 비전 알고리즘과 무선 업데이트, 측위測位 시스템 등의 성능이 개선되어 한적한 도시에서 자율주행을 할 수 있게 되었다. 이어서 2018년 7월에는 미국자동차공학회 기준으로 레벨4 수준의 자율주행을 구현하는 아폴로 3.0을 출시했고, 2019년 1월에는 센서 업그레이드를 통해 복잡한 도시에서도 자율주행이 가능한 아폴로 3.5를 공개했다. 6개월 후인 2019년 7월에는 오픈 플랫폼과 엔터프라이즈를 모두 포함한 아폴로 5.0이 출시되었고, 그해 말에는 새로운 예

아폴로 운영체제 업데이트 추이

시기	버전	주요 특징
2017년 7월	1.0	주차장 등 폐쇄된 구역 내 자율주행
2017년 9월	1.5	고정 차선으로 운행하는 자율주행
2018년 1월	2.0	한적한 도심 도로 자율주행
2018년 4월	2.5	지오펜스 고속도로Geo-fenced highways 자율주행
2018년 7월	3.0	레벨4 수준의 자율주행
2019년 1월	3.5	복잡한 도심 도로 자율주행
2019년 7월	5.0	오픈 플랫폼, 엔터프라이즈
2019년 12월	5.5	커브투커브Curb-to-Curb 도심 도로 자율주행
2020년 9월	6.0	데이터 파이프라인 서비스, 딥러닝 모델 및 V2X

측모델 및 제어모듈이 적용된 아폴로 5.5가 발표되면서 복잡한 도시 내 자율주행 성능이 향상되었다. 그리고 2020년 9월에는 새로운 데이터 파이프라인 서비스Data pipeline services와 딥러닝 모델 및 차량·사물 간 통신 기술 업데이트를 통해 완전 자율주행 단계에 한 걸음 더 다가섰다.

아폴로 프로젝트가 개방형 플랫폼 형태를 띠는 이유는 분명하다. 주행 데이터와 소스 코드, 소프트웨어 등을 공유해 거대한 자율주행 생태계를 구축하는 것이 자율주행 기술 혁신과 상용화를 앞당기는 최선의 방법이기 때문이다. 뿐만 아니라 이는 자율주행 소프트웨어를 오픈소스화해 다양한 기업들이 자체적인 기술 개발 역량을 쌓을 수 있게 함으로써 자율주행 기술 발전과 보급을 촉진하려는 중국 정부의 의도에도 부합한다. 아폴로 프로젝트의 일환으로 개발된 제품의 대표적인 예로 바이두가 부품생산 기업 플렉스 인터내셔널Flex international과 공동으로 개발한 아폴로 컴퓨팅 유닛Apollo Computing Unit, ACU을 들 수 있다. 외관은 하드웨어이지만 고정밀 지도 등 자율주행 기능을 구현하는 소프트웨어가 내장된 제품으로 자율주행 단계에 따라 베이직, 어드밴스드, 프로페셔널 등 세 가지 버전으로 구분된다. 바이두는 연간 20만 개의 아폴로 컴퓨팅 유닛 생산능력을 갖추고 있는데, 이를 탑재하면 일반 차량도 발레파킹 등 고도의 자율주행 기능을 가진 스마트카로 변모하게 된다. 아폴로 컴퓨팅 유닛이 바이두의 자율주행 플랫폼을 확산시키는 기폭제가 될 것으로 기대되는 이유다. 주목할 만한 점은 아폴로 컴퓨팅 유닛을 중심으로 바이두의 자율주행 기술이 구글의 웨이모Waymo가 아닌 테슬라와 유사한 발전경로를 따를 것으로 예상된다는 것이다. 자율주행 기술 개발 초기에 바이두는 고정밀 지도를 기반으로 소수의 테스트 차량이 특정 지역을 주행한 데이터를 학습하는 방식을 통해 자율주행 기술을 업그레이드해왔는데, 이렇게 되면 구글의 웨이모처럼 제한된 구역에서만 자율주행 기능을 구현할 수 있다는 한계에서 벗어나기 어렵다. 하지만 아폴로 컴퓨팅 유닛을 통해 수많은 차량에 자율주행 소프트웨어를 탑재할 경우 테슬라처럼 풍부한 실주행 데이터를 수집할 수 있고 데이터 축적 및 기술 업데이트가 가속화하는 선순환이 만들어진다는 점에서 자율주행 상용화를 앞당기는 계기가 될 가능성이 높다.

글로벌 수준에 도달한 바이두의 자율주행 기술

앞에서 살펴본 것처럼 바이두는 중국 자율주행 부문의 혁신을 이끌고 있는 기업이다. 2013년부터 자율주행 부문에 대한 투자를 본격화했고, 관련 특허 보유 수도 중국 내 최다인 2,900건에 이르며, 자율주행 테스트 면허도 경쟁사 대비 월등히 많은 221장을 갖고 있다. 2019년 7월에는 중국 최초로 T4 등급의 자율주행 테스트 면허를 발급받았는데, T4 등급은 중국 정부가 분류한 자율주행 기술 최고 등급으로 복잡한 도심 환경에서 무인 자율주행이 가능한 수준을 말한다. 이어 같은 해 9월에 후베이성 우한에서 국가스마트자동차테스트시범구国家智能网联汽车测试示范区가 조성될 때 세계 최초로 자율주행 차량 상용 면허를 발급받았고, 2021년 1월에는 글로벌 자율주행 기업들의 각축전이 벌어지고 있는 미국 캘리포니아주의 차량관리국Department of Motor Vehicles, DMV으로부터 안전요원을 태우지 않는 레벨4 수준의 자율주행 테스트 허가를 받았다. 바이두의 차량용 인공지능 비서인 샤오두小度 는 2020년 기준으로 약 119만 대의 차량에 탑재되었는데, 이는 라이벌인 텐센트(약 52만 대)나 알리바바(약 45만 대)보다 2배 이상 많은 수치다.

바이두는 자율주행차의 기술 지표 중 하나인 주행거리에서도 압도적인 경쟁력을 갖고 있다. 2013년 이후 자율주행 시뮬레이션 테스트 누적 주행거리만 10억 km를 넘었으며, 레벨4 수준의 자율주행 테스트는 1,000만 km를 초과했다. 이는 첨단산업을 육성하고자 하는 중국의 지방정부들이 앞다퉈 자율주행 도로 테스트를 허가해준 결과다. 2021년 4월 미국 시장조사 업체 가이드하우스 인사이트Guidehouse Insight는 바이두를 2년 연속 글로벌 자율주행 리더그룹에 포함시켰다. 2019년에 글로벌 자율주행 기술 종합순위에서 8위에 불과하던 바이두는 2020년부터 4위로 올라섰으며, 현재 글로벌 자율주행 리더그룹에 속한 유일한 중국 기업이다.

이 같은 기술력을 바탕으로 바이두는 2021년 5월에 운전자가 없는 무인 로보택시 상용화 서비스를 시작했다. 일반인을 대상으로 운전자가 없는 로보택시를 운행하는 것은 구글의 웨이모에 이어 바이두가 전 세계에서 두 번째다. 이전까지 바이두는 베이징, 창사, 창저우 등에서 운전자를 태운 로보택시 시범 서비스를 제공해왔지만, 이제는 자율주행 기술이 테스트 수준을 넘어 실제 사업화가 가능한 단계로 진입하고 있는 것이다. 이용자는 '아폴로 고Apollo Go' 앱을 통해 로보택

글로벌 자율주행 기술 종합 순위

출처: 가이드하우스 인사이트

순위	2019년	2020년	2021년
1	웨이모(구글)	웨이모(구글)	웨이모(구글)
2	크루즈(GM)	포드	엔비디아
3	포드	크루즈(GM)	아르고 AI(포드·폭스바겐)
4	앱티브	바이두	바이두
5	인텔-모빌아이	인텔-모빌아이	크루즈
6	폭스바겐	현대차그룹-앱티브	모셔널(현대차그룹-앱티브)
7	다임러-보쉬	폭스바겐	모빌아이
8	바이두	얀덱스	오로라
9	도요타	죽스	죽스
10	르노-닛산-미쓰비시	다임러-보쉬	뉴로

리더그룹Leaders 경쟁자그룹Contenders

시를 호출할 수 있고, 승차요금은 회당 30위안(한화 약 5,400원)이다. 본인 인증과 코로나19 방역을 위해 뒷문 옆에 부착된 QR코드를 스캔하면 차를 탈 수 있다. 차량 뒷좌석에 앉으면 앞면에 설치된 디스플레이에 주행 노선과 주변 상황, 예상 도착 시간 등이 표시되며, 결제는 중국의 대표 모바일 결제수단인 알리페이와 위챗페이 모두 가능하다. 그리고 비상 상황이 발생하면 5G 원격주행 서비스를 통해 관리자가 실시간으로 차량의 상황에 개입할 수 있다. 2020년 말에 바이두는 로

바이두는 이미 무인 로보택시의 상용화 서비스를 시작했다. 아폴로 고 앱의 이용자들은 앱을 이용해 주변에 있는 로보택시의 위치를 확인하고 운전자 없는 로보택시를 직접 이용할 수 있다.

보택시 상용화를 가속하기 위해 3년 내 30개 도시에서 3,000대 이상의 로보택시를 운행하면서 300만 명의 이용자에게 서비스를 제공하겠다는 야심 찬 목표를 제시한 바 있다. 아울러 자율주행을 위한 스마트 도로를 2021년까지 20개 도시, 2023년에는 중국 100개 도시에 구축하겠다는 계획도 밝혔다.

바이두가 2021년 8월 바이두월드 컨퍼런스Baidu World conference에서 자율주행차인 로보카Robocar의 시제품을 공개한 것도 이 같은 계획의 연장선상에 있다. 바이두의 로보카는 날개형 도어에 통유리 루프글라스, 차내 대형 스크린 등을 갖추고 있으며, 데이터 처리 및 컴퓨팅 능력이 크게 개선된 2세대 AI 반도체인 쿤룬2쿤슌2를 탑재하고 있다. 또한 차량 외부에 설치된 각종 센서가 차량의 안전운행을 지원하고, 차량 내부에는 음성 및 안면인식 기능이 추가되어 탑승자의 편의를 높였다. 아직까지는 로보카가 시제품 단계에 머물러 있지만, 꾸준한 투자와 기술 혁신으로 상용화에 성공할 경우 바이두는 차이나 모

바이두월드 컨퍼런스 2021을 통해 공개된 바이두의 로보카(위)와 로보카의 내부(아래). 비록 시제품이긴 하지만 완전 자율주행이 가능한 레벨5 기술을 가지고 있다. 날개형 도어에 통유리 루프 글라스, 차내 대형 스크린 등을 갖추고 있으며, 데이터 처리 및 컴퓨팅 능력이 크게 개선된 2세대 AI 반도체인 쿤룬2를 탑재하고 있다.

빌리티의 대전환을 한 단계 앞당기며 중국 자율주행의 확고부동한 에이스로 자리매김할 것으로 예상된다.

한편, 바이두는 2021년 1월에 지리자동차와 손잡고 전기차 합작사인 '지두자동차'를 설립했다. 지두자동차의 등록 자본금은 20억 위안(한화 약 3,600억 원)이고, 바이두와 지리자동차의 지분 비율은 55% 대 45%이다. 대주주인 바이두가 아폴로 등 소프트웨어 기술을 제공하고 지리자동차는 전기차 전용 플랫폼인 SEA Sustainable Experience Architecture를 포함한 하드웨어 생산을 담당하는 구조다. 지금까지 바이두는 다른 완성차 업체에 자율주행 소프트웨어를 탑재하는 방식을 채택해왔는데, 이제는 자사의 소프트웨어에 최적화된 자동차를 직접 만드는 전략을 병행하고 있는 것이다. 지두자동차는 첫 자율주행 전기차 모델을 2022년 베이징 모터쇼에서 공개할 예정이며, 미래차 R&D를 위해 2025년까지 500억 위안(한화 약 9조 원)을 투자할 계획이다. 이와 함께 바이두는 베이징자동차그룹의 전기차 브랜드인 아크폭스 Arcfox와도 협업해 2024년까지 자율주행 전기차 아폴로문Apollo Moon 1,000대를 생산할 계획이다.

로보택시 이외에도 바이두는 아폴로를 통해 자율주행 버스를 운영하고 있다. 버스 제조업체인 진롱자동차와 협업해 개발한 자율주행 버스 아폴롱은 2018년 7월부터 양산에 돌입했으며, 현재 베이징, 푸저우, 샤먼 등 중국 전역의 복합시설 단지, 공원, 캠퍼스 등에서 활발하게 운행되고 있다. 자율주행 버스의 경우 지정된 코스를 반복 주행하는 특징이 있어 일반 자동차에 비해 자율주행 기능을 적용하기에 용이하다는 장점이 있다. 이에 바이두는 자율주행 버스 대량 생산 체제에 돌입했으며, 충칭[*]을 필두로 주행경로가 복잡한 대중교통 버스에도 자율주행 기능을 탑재해 운행하는 프로젝트를 추진하고 있다.

이어 2021년 8월에는 이전 모델보다 컴퓨팅 능력과 자율주행 기능이 대폭 향상된 다목적 자율주행 버스 '아폴롱 2'를 출시했으며, 이를 통해 대중교통, 의료 서비스, 라스트 마일 등 다양한 솔루션을 제공할 예정이다. 운전자가 없는 자율주행 버스가 도로를 달리며 사람들의 일상과 도심의 풍경을 바꿀 날도 머지않았다.

- 2021년 4월 바이두의 아폴로 플랫폼은 충칭으로부터 중국 최초로 자율주행 버스 시범 운행 허가를 받았다.

차이나 모빌리티를 떠받치는 세 가지 축
- 배터리, AI 반도체, 5G

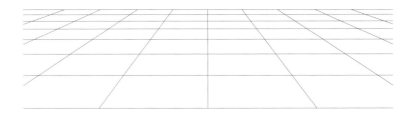

미래 모빌리티의 심장, 배터리

미래 모빌리티 혁신에서 배터리가 차지하는 중요성은 아무리 강조해도 지나치지 않다. 배터리는 자동차의 친환경성을 높이기 위해 반드시 사용되어야 하는 부품인 데다 전기차 가격에서 차지하는 비중도 40%로 매우 높아 가격 경쟁력에 결정적인 변수로 작용한다. 또한 주행거리와 내구력 등 전기차 성능의 대부분을 좌우하므로 전기차의 심장으로 불리기도 한다. 기존 배터리 업체뿐만 아니라 완성차 업체들까지 배터리 투자에 적극적으로 나서는 것도 이러한 이유에서다. 모빌리티 산업의 종착점인 자율주행에서도 배터리를 탑재한 전기차가 에너지, 통신, 구동 속도 면에서 내연기관차보다 훨씬 경쟁력이 있다.

배터리는 세계 최대 전기차 시장인 중국이 특히 강점을 지닌 분야다. CATL과 비야디 등 글로벌 선두권 배터리 업체를 보유하고 있을 뿐만 아니라 배터리셀, 배터리 관리 시스템 등에서도 뛰어난 기술력을 갖추고 있다. 블룸버그 뉴 에너지 파이낸스에 따르면 중국은 글로벌 배터리셀 생산능력의 약 77%와 관련 부품 제조능력의 약 60%를 점유하고 있는 것으로 나타났다. 또한 수년간에 걸친 투자를 통해 리튬, 코발트와 같은 배터리 핵심소재의 글로벌 공급망을 장악하는 등 글로벌 배터리 시장에서 중국의 영향력은 전기차 경쟁력 향상과 수요 확대에 힘입어서 갈수록 커지고 있다.

2021년 3월 독일 최대 자동차 업체인 폭스바겐은 전기차 전략 공개 행사인 파워데이Power Day를 개최하고 배터리 개발과 생산에 대한 2030년 기술 로드맵을 발표했다. 구체적으로 배터리 내재화를 위해 2030년까지 유럽 내 6개 지역에 총 240GWh 규모의 배터리 생산기지를 구축하고 신차 중 전기차 비중을 70%까지 높인다는 계획이다. 이를 위해 폭스바겐은 이미 스웨덴 배터리 업체인 노스볼트Northvolt와 합작법인을 설립해 스웨덴과 독일에서 공장을 짓고 있다. 또한 배터리 비용을 낮추고 성능을 향상시키기 위해 2023년부터 기존 파우치형 배터리 대신 단일화된 각형 배터리셀Unified battery cell을 도입해 2030년까지 사용 비율을 80%로 늘리기로 했다.

폭스바겐이 각형 배터리를 선택한 데에는 그럴 만한 이유가 있다. 각형 배터리의 공정 단계가 파우치형 배터리보다 짧아 생산효율이 높고 대량 생산이 용이해 규모의 경제를 달성할 수 있기 때문이다. 뿐만 아니라 이를 통해 배터리 가격을 50%가량 낮춤으로써 테슬라의 원통형 배터리에 대항할 수도 있다. 사실 현재 전기차 시장의 고속성장으로 인해 배터리 공급의 부족이 예상되고 특히 2023년 이후로 보조금 축소가 예정된 상황인 만큼 완성차 업체가 수익성을 확보하려면 배터리 내재화는 선택이 아닌 필수라고 할 수 있다. 폭스바겐 역시 배터리 수직계열화를 통해 전기차 핵심 부품인 배터리를 더 싼값에 조달하고 기존 배터리 업체에 대한 협상력을 강화하려 하고 있다. 아울러 폭스바겐이 각형 배터리를 선택한 데에는 세계 최대 전기차 시장이자 회사 매출의 40%를 차지하는 중국 시장을 공략하려는 의도도 크게 작용했다.

실제로 각형 배터리는 세계 최대 전기차 배터리 업체인 중국의 CATL을 비롯해 폭스바겐이 최대주주로 있는 궈쉬안하이테크가 주력으로 삼은 제품이다. 표준화된 규격이 있어 대량 생산에 유리하기 때문에 치열한 가격 경쟁이 벌어지고 있는 중국 전기차 시장에서 주류를 이루고 있다. 더욱이 폭스바겐은 기존처럼 배터리셀을 모듈화해 팩을 만들지 않고 모듈 단계를 건너뛰는 셀투팩Cell to Pack, 더 나아가 모듈과 팩 단계를 모두 생략한 셀투카Cell to Car 등 새로운 배터리 시스템을 도입할 예정인데, 이 같은 기술을 처음 제시한 기업이 바로 CATL이다. 이 같은 기술 혁신을 바탕으로 CATL은 다른 글로벌 전기차 업체들과의 협력도 늘려가고 있다. 테슬라가 CATL의 리튬인산철 배터리가 탑재된 모델3을 출시한 데 이어서 현대차도 E-GMP 2차, 3차 물량의 공급사로 CATL을 선정한 것이 대표적인 사례다.

전기차 배터리 타입별 특징 비교

	파우치형	각형	원통형
장점	부피가 작아 다양한 형태에 적용 가능, 높은 에너지 밀도	효율적인 공간 활용 가능, 높은 안정성, 대량 생산 용이	높은 안정성, 낮은 생산비용, 대량 생산 용이
단점	높은 생산비용, 외부의 물리적 충격에 약함	형태 변경이 어려움, 낮은 에너지 밀도	경량화 어려움, 공간 효율성 낮음
주요 제조사	LG에너지솔루션, SK온	CATL, 삼성SDI, 비야디, 도시바	LG에너지솔루션, 삼성SDI, 파나소닉
완성차 업체	GM, 포드, 볼보, 닛산, 현대차·기아 등	폭스바겐, BMW, 아우디 등	테슬라

배터리 업계의 화웨이, CATL

중국 배터리 업계의 대표주자인 CATL은 배터리 엔지니어 출신인 쩡위친筚毓群 회장이 2011년에 일본 TDK의 중국 배터리 자회사인 ATL로부터 분사해 설립한 회사로 중국 정부 배터리 육성책의 가장 큰 수혜를 입은 업체로 꼽힌다. 중국 정부의 과감한 지원과 적극적인 R&D 투자로 높은 기술력과 양산능력을 확보한 결과 CATL은 2020년을 기준으로 중국 전기차 배터리 시장에서 50%의 압도적인 점유율을 차지하며 1위를 기록했고, 전 세계 시장에서도 4년 연속 1위 자리를 지키

주요 2차 전지 업체별 전 세계 시장 점유율 추이

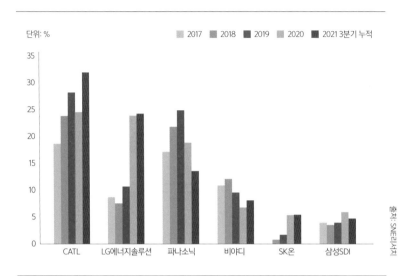

단위: %   ■ 2017 ■ 2018 ■ 2019 ■ 2020 ■ 2021 3분기 누적

출처: SNE리서치

CATL은 거대한 중국 시장을 기반으로 규모의 경제 효과를 누리며 원가 개선과 제조공정 혁신에 성공했다. 이에 삼원계 배터리에 주력하는 한국 기업들과 시장 점유율 면에서 격차를 벌리며 글로벌 배터리 시장의 주도권을 강화하고 있다.

고 있다. 중국을 대표하는 기업으로 통신장비 업계에 화웨이가 있다면 배터리 업계에는 CATL이 있다고 해도 과언이 아니다.

한편, CATL의 이런 가파른 성장은 중국의 전기차 판매 증가와 맞물려 있다. 중국 정부의 전기차 굴기 정책에 따라 2015년에는 33만 대에 불과했던 중국 전기차 판매량이 2021년에는 300만 대를 상회할 것으로 예상된다. 특히 외국산 배터리를 탑재한 전기차에 대해 보조금을 지급하지 않는 방식의 비관세장벽이 유지되는 가운데 CATL 배터리를 탑재한 로컬 전기차 업체의 신모델이 지속해서 출시되어

CATL이 크게 성장할 수 있는 발판이 마련되었다. 또한 테슬라 모델 3향 수주도 빠르게 늘어나면서 CATL은 중국 시장은 물론이고 글로벌 배터리 시장에서도 존재감을 키웠다.

CATL의 최대 강점은 원가 경쟁력이라고 할 수 있다. 에너지 밀도가 낮은 대신에 가격이 저렴한 리튬인산철 배터리를 주력으로 대량 생산체제를 갖췄으며, 이를 바탕으로 압도적인 시장 점유율을 차지하고 있다. 구체적으로 CATL이 생산하는 리튬인산철 배터리의 가격은 비슷한 성능의 삼원계 배터리에 비해 20% 이상 낮은 것으로 알려져 있다. 또한 CATL은 거대한 중국 내수시장에서 규모의 경제 효과를 누리며 원가 개선과 제조공정 혁신에도 성공했다. 글로벌 경쟁 업체들과 비교했을 때 CATL의 영업이익률이 현저하게 높은 것도 이 때문이라고 할 수 있다. 폭스바겐, 테슬라, GM, 현대차 등 글로벌 완성차 업체들 역시 CATL 배터리 채용에 적극적으로 나서고 있는데, 이는 원가 경쟁력을 확보해 갈수록 치열해지는 중국 전기차 시장에서 살아남기 위해서다. 더욱이 CATL은 앞으로도 대규모 설비투자를 계획하고 있어 원가 경쟁력이 더욱 강화될 것으로 예상된다. 이미 2020년 12월에 390억 위안(한화 약 7조 원) 규모의 투자 계획을 발표한 데 이어서 2021년 2월과 9월에는 각각 290억 위안(한화 약 5조 2,000억 원)과 135억 위안(한화 약 2조 4,000억 원)을 투자해 쓰촨성, 광둥성, 푸젠성, 장시성 등에 배터리 생산시설을 건설하기로 했다. 이 같은 공격적인 투자로 2020년경에 110GWh였던 CATL의 생산능력은 2025년에는 600GWh로 크게 늘어날 것으로 예상된다.

CATL이 배터리 핵심소재들의 공급선을 구축하고 있다는 점도 커

CATL 생산능력 추이 및 전망

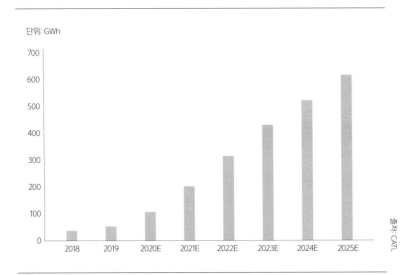

단위: GWh

출처: CATL

다란 강점이다. 사실 이러한 강점은 CATL뿐만 아니라 비야디, 궈쉬안 하이테크 등 중국 배터리 업체들 전반에 해당하는 것이다. 전기차 수 직계열화를 통해 원재료부터 부품, 완성차에 이르는 강력한 밸류체인 을 구축하겠다는 중국 정부의 전략이 배터리 산업의 안정적인 기반으 로 이어지게 된 것이다. 이를 위해 중국은 일찌감치 관련 기업을 앞세 워 해외 광산 개발 및 지분투자, 제련 업체와의 파트너십 등을 추진했 다. 대표적인 예로 중국의 원자재 업체인 티엔치리튬天齐锂业은 2014년 세계 최대 리튬광산인 호주 탈리슨Talison의 지분을 인수한 데 이어서 2018년에는 칠레 최대 리튬광산을 보유한 SQM의 지분을 인수했다. 양극재 핵심소재인 코발트 분야에서도 차이나 몰리브덴洛陽鉬業과 화 유코발트華友鈷業 등이 해외 코발트 광산 인수에 적극적으로 나선 결과,

현재 전 세계 코발트 생산량의 70%를 차지하는 콩고의 주요 코발트 광산 7곳 중 4곳을 중국 기업이 소유하고 있다. 광물 전문매체인 마이닝닷컴에 따르면 전 세계 리튬과 코발트 유통량 가운데서 중국이 차지하는 비중은 각각 59%와 82%에 이르는 것으로 나타났다. 뿐만 아니라 배터리·영구자석의 핵심 원재료인 희토류의 경우 전 세계 생산량의 60%가량을 중국이 차지하고 있고, 배터리 안정성을 높여주는 알루미늄과 음극재 재료인 흑연의 생산량도 중국의 비중이 상당히 높다. 전기차 시장이 확대되면서 배터리 수요가 급증할 경우 원재료 공급선을 탄탄하게 구축하고 있는 중국 업체들의 대응력이 뛰어날 것으로 예상되는 이유다.

한 가지 더 주목할 점은 CATL의 기술력이 가파른 속도로 향상되고 있다는 것이다. 국내에서는 여전히 CATL의 리튬인산철 배터리에 대해서 에너지 밀도가 낮고 무게가 무거워 국내 기업들이 주력으로 생산하는 삼원계 배터리에 비해 성능이 떨어진다는 인식이 지배적이다. 하지만 CATL은 배터리 패키징 혁신을 통해 그간 에너지 밀도와 안정성 면에서 상당한 진전을 이뤄냈다. 배터리 내재화에 나선 테슬라, 폭스바겐 등이 CATL의 배터리 기술을 향후 배터리 전략의 중심축으로 삼은 것도 이를 뒷받침한다. 실제로 테슬라는 2021년 3분기 실적 발표에서 모든 스탠다드 레인지Standard-range 모델에 리튬인산철 배터리를 적용하겠다고 밝힌 바 있다. 앞서 언급한 셀투팩 기술이 대표적이다. 전기차 배터리는 일반적으로 셀-모듈-팩으로 구성되는데, 셀투팩은 이 가운데서 모듈을 생략하고 셀에서 곧바로 팩으로 이어지도록 설계한 기술이다. 모듈이 사라진 만큼 공간이 더 확보되어 더 많은 배터리를 넣을 수 있고 부품 수도 줄어들면서 제작 비용이 크게 절감된다. 업계에 따르면 셀투팩 방식을 적용할 경우 에너지 밀도가 최대 15% 높아지고 부품 수는 40%가량 감소하는 것으로 나타났다. 뿐만 아니라 부품 수 감소로 제조공정이 단순해지면서 생산효율도 향상된다. 나아가 CATL은 2021년 7월에 글로벌 배터리 업체 중에서 최초로 나트륨이온 배터리를 공개했다. 리튬과 같은 금속이 아니라 매장량이 풍부한 나트륨을 핵심소재로 하므로 원가를 크게 절감할 수 있고 충전속도가 빠르다는 장점이 있다. 또한 CATL은 셀투팩에서 한 단계 더 진화한 셀투카 기술 개발에도 박차를 가하고 있는데, 셀투카는 모듈뿐만 아니라 팩까지 생략한 CATL의 독자적인 기술로 에너지 밀도를 더욱 높여 주행거리를 대폭 늘리고 가격 경쟁력도 추가로 확보할 수 있을 것으로 예상된다.

이 같은 경쟁력을 바탕으로 CATL은 중국 내수시장을 넘어서 글로벌 시장 공략에 적극적으로 나서고 있다. 강화된 환경규제로 전기차 수요가 급증하고 있는 유럽은 CATL의 해외 진출을 위한 전초기지다. 이미 폭스바겐, BMW, 다임러 등 유럽의 주요 완성차 업체들과 파트너십을 맺었고, 단순히 배터리 공급을 넘어서 차세대 배터리 기술 개발을 위한 협력에도 나서고 있다. 이를 위해 CATL은 독일 에르푸르트에 첫 해외 공장을 짓고 있는데, 이 공장에서 생산된 배터리는 유럽 브랜드 전기차에 탑재될 예정이며 당초 14GWh였던 생산목표가 현재는 24GWh로 상향조정되었을 정도로 수요가 빠르게 늘어나고 있다. 이에 따라 2020년에는 15%였던 CATL의 해외 출하량 비중도 2025년에는 20%로 늘어날 전망이다. 여기에 테슬라의 베를린 기가팩토리가 본격적으로 가동되면 CATL은 중국 상하이 기가팩토리 향 납품 실적을 기반으로 베를린 기가팩토리에도 배터리를 납품할 가능성이 크다. 삼성SDI가 헝가리 공장의 각형 배터리 생산라인 증설과 2공장 착공에 나서기로 한 것도 CATL의 유럽 진출에 대응하기 위한 조치라고 할 수 있다.

한편 CATL은 인도네시아에도 50억 달러를 투입해 대규모 배터리 공장을 짓는 프로젝트를 추진하고 있다. 인도네시아는 전기차 배터리 핵심소재인 니켈의 세계 최대 생산국일 뿐만 아니라, 약 2억 7,000만 명에 이르는 거대한 인구와 높은 성장 잠재력을 갖춘 국가다. 테슬라, 현대차 등 수많은 기업이 인도네시아 진출에 적극적으로 나서고 있는 것도 이 때문이다. CATL의 현재 주력 상품인 저렴한 리튬인산철 배터리는 아직까지는 구매력이 높지 않은 동남아 소비자들에게 상당한 가격 메리트가 있어서 시장 침투율이 빠르게 높아질 가능성이 있다.

CATL과 함께 중국 전기차 업계의 쌍두마차인 비야디 역시 과감한 투자를 바탕으로 기술 혁신을 이어가고 있다. 워런 버핏이 투자한 것으로 유명한 비야디는 배터리, 모터, 전자제어장치 등 전기차 3대 핵심 부품기술을 모두 갖춘 기업으로 승용차는 물론이고 버스·트럭 등 상용차 부문에서도 두각을 나타내고 있다. 비야디가 대중적으로 알려지게 된 것은 전기차 판매가 호조를 보인 덕분이다. 비야디는 진秦, 한汉, 송宋, 당唐 등 역대 왕조들의 명칭을 자사 전기차 브랜드로 활용하는 전략을 구사했는데, 높은 가격 경쟁력과 자국민의 취향을 반영한 디자인이 크게 인기를 얻으며 빠르게 시장 점유율을 높였다. 특히 2020년 7월에 출시된 프리미엄 세단 '한'은 1회 충전 시 600km(유럽

연비측정방식NEDC 기준)가 넘는 주행거리와 넓은 실내 공간을 내세워 중국 시장에서 '베스트셀링카'로 자리매김했다. 뿐만 아니라 비야디는 2021년 상반기에는 전기차 전용 플랫폼과 신차를 공개했고, 2022년에는 프리미엄 전기차 브랜드를 출시해 전기차 라인업을 다변화하면서 테슬라와 니오 등 경쟁사 견제에 집중할 것으로 예상된다.

블레이드 배터리를 앞세운 비야디

앞서 언급했듯이 전기차의 속력과 주행거리, 안정성은 배터리의 성능에 좌우된다고 해도 과언이 아니다. 완성차 업체들이 배터리 내재화에 전사적인 노력을 기울이는 것도 이 때문이다. 비야디는 전 세계 완성차 업체 중에서도 배터리 자체 생산에 성공한 극소수의 기업 중 하나다. 2020년에 출시된 '블레이드Blade 배터리'는 비야디가 그간 축적한 기술력의 결정체라고 할 수 있다. 블레이드 배터리는 배터리팩에 칼날(블레이드)처럼 얇고 긴 배터리셀을 끼워 넣는 형태로 제작되는데, 기존 리튬인산철 배터리보다 에너지 밀도와 공간 활용도가 높으면서도 가격은 30%가량 저렴한 것이 가장 큰 장점이다.

실제로 블레이드 배터리팩의 가격은 1kWh당 92달러 수준으로 전기차와 내연기관차의 판매가격이 같아지는 프라이스 패리티인 1kWh당 100달러보다도 크게 낮은 수준이다. 또한 납작한 형태로 설계되어 외형에 손상이 가해져도 화재 확률이 낮고, 셀투팩 기술을 적용해 패키징 공간을 줄이면 주행거리도 크게 늘릴 수 있다. 앞서 언급한 것처럼 2020년에 출시된 '한'의 1회 충전 시 주행거리가 600km에 이르는 것도 블레이드 배터리의 이 같은 특성 때문이라고 할 수 있다. 비야디는 자사의 모든 순수 전기차 모델에 블레이드 배터리를 적용하고 있다.

이처럼 블레이드 배터리의 안정성과 뛰어난 주행 성능이 주목을 받으면서 로컬 및 해외 브랜드 업체들도 점차 블레이드 배터리를 채용하는 사례가 늘어나고 있다. 이미 제일자동차, 베이징자동차, 창안자동차와 같은 중국 기업들이 블레이드 배터리를 탑재하고 있으며, 포드, 도요타, 다임러, 테슬라 등 글로벌 완성차 업체들도 비야디와 블레이드 배터리 공급을 논의하고 있다. 그동안 비야디는 CATL과 달리 자사 차량에 대한 배터리 공급에 집중해왔는데, 앞으로 이처럼 외부 판매 비중이 늘어나면 배터리 사업부의 실적도 지속적인 성장세를 나타낼 것으로 전망된다.

그리고 비야디 역시 블레이드 배터리 수요가 급증하는 것에 대응해 배터리 공장 증설에 박차를 가하고 있다. 단적으로 블레이드 배터리 공급 부족으로 발생한 '한' 모델의 신차 인도 지연 문제를 해소하기 위해 2020년 4분기 충칭에 블레이드 배터리 생산라인을 증설한 것을 들 수 있다. 또한 2021년 1월에 4조 2,000억 원 규모의 유상증자를 발표한 것도 상당 부분 블레이드 배터리 생산능력 확대에 필요한 자금을 마련하기 위해서였다. 이에 따라 2019년에 40GWh였던 비야디의 배터리 생산능력은 2023년에는 이보다 약 2.3배 증가한 90GWh를 기록할 것으로 예상된다.

출처: InsideEVs

비야디의 블레이드 배터리는 배터리팩에 칼날(블레이드)처럼 얇고 긴 배터리셀을 끼워 넣는 형태로 제작되는데, 기존 리튬인산철 배터리보다 에너지 밀도와 공간 활용도가 높으면서도 가격은 30%가량 저렴하다.

미래 모빌리티의 승패를 좌우하는 AI 반도체

반도체는 자동차가 바퀴 달린 컴퓨터가 되기 위해서 꼭 필요한 부품이다. 자동차가 전장화Electrification를 넘어서 자율주행 전기차로 진화하면서 이를 구동하기 위한 반도체의 수요 역시 구조적으로 늘어나게 되었다. 운전자의 간섭 없이 차량이 스스로 움직이는 자율주행이 되려면 카메라나 라이다 등의 센서를 통해 주변 상황을 인지하고 이를 분석해 최적의 경로를 판단할 수 있어야 한다. 차량이 주행하는 동안 발생하는 방대한 데이터를 빠르게 처리하기 위해 고성능·고용량 반도체가 필요한 이유다. 게다가 커넥티드카 기능이 발전하며 음악·영상 콘텐츠, 카 커머스 등의 인포테인먼트 시스템이 확장되는 것도 반도체의 수요를 이끄는 중요한 축이다.

　현재 차량용 반도체의 부품군별 사용 비중을 살펴보면 와이퍼, 선루프 등에 적용되는 차체^{Body}용 반도체와 계기판 등에 사용되는 인포테인먼트용 반도체의 비중이 각각 27%, 23%로 가장 높고, 이어서 엔진·모터 등을 제어하는 파워트레인용 반도체가 21%, 감지센서 등에 적용되는 첨단운전자보조시스템용 반도체가 17%, 조향장치 및 제동장치 등에 적용되는 섀시^{Chassis}용 반도체가 12%를 차지하고 있다. 이 중 첨단운전자보조시스템 탑재율 상승과 자율주행의 고도화로 첨단운전자보조시스템용 반도체 비중이 늘어나는 가운데, 전장화로 차체

자율주행차에 탑재되는 차량용 반도체의 종류. 자동차가 전장화를 넘어 자율주행차로 진화하면서 차량에 필요한 반도체 탑재 수가 큰 폭으로 증가하고 있다.

및 섀시용 반도체의 수요도 증가할 것으로 전망된다. 한편, 차량용 반도체의 기능별 사용 비중은 디스플레이, 경보장치 등 다양한 전장시스템을 제어하는 마이크로 컨트롤러 유닛^{Micro Controller Unit, MCU}과 속도·온도 등의 신호를 디지털로 변환하는 아날로그 반도체의 비중이 각각 30%, 29%로 높고, 그 뒤를 이미지센서 등의 광학센서 17%, 자율주행을 담당하는 로직 반도체 10%가 잇고 있다. 또한 지금은 수요가 제한적인 메모리 반도체도 향후 자율주행차가 상용화되면 대당 디램^{DRAM} 80GB, 낸드플래시^{Nand Flash}는 1TB의 메모리 반도체가 필요할 것으로 예상된다.

차량용 반도체는 자동차의 스마트화에 따라 부품군의 종류와 기능 면에서 저변을 빠르게 확대하고 있다. 기존 내연기관차에 탑재되는 반도체 수는 200~300개 정도에 불과했지만, 자율주행 전기차와 같은 스마트카에는 대당 2,000개 이상의 반도체가 필요할 것으로 추정된다. 실제로 자율주행 레벨3에 근접한 테슬라 모델3의 경우 기존 내연기관차보다 약 4배 정도 많은 1,700달러가량의 차량용 반도체가 탑재되어 있다. 이렇게 설치된 반도체들은 자동차 곳곳에 신경망처럼 배치되어 차량의 주변 상황과 내부 프로세스를 실시간으로 모니터링하고 판단하는 기능을 수행한다. 글로벌 시장조사 업체인 IHS마킷^{IHS Markit}에 따르면 2020년을 기준으로 차량용 반도체 시장 규모는 전체 반도체 시장의 10%인 380억 달러 수준이지만, 이후 매년 고성장해서 2026년에는 676억 달러 규모에 이를 것으로 전망된다.

코로나19 팬데믹으로 촉발된 차량용 반도체 공급 부족 사태는 자동차 산업의 무게추가 엔진으로 대표되는 기계에서 반도체로 대표되는 전자장비로 바뀌고 있음을 상징적으로 보여주었다. 차량용 반도체 공급 부족 사태가 발생한 원인은 복합적이다. 코로나19 팬데믹으로 경제활동이 크게 위축되면서 완성차 수요가 급감하자 자동차 업체들은 차량용 반도체 주문을 크게 줄였다. 이에 반도체 파운드리(위탁생산) 업체들도 차량용 반도체 생산을 줄였고, 동시에 언택트 소비와 재택근무로 수요가 폭증한 노트북, 스마트폰, 서버용 반도체의 생산을 크게 늘렸다. 차량용 반도체가 IT 제품용 반도체에 비해 필요 수명, 온도 등의 사용조건이 까다롭고 수익성이 낮다는 점을 감안하면 이는 자연스러운 움직임이었다. 그런데 중국을 중심으로 예상보다 자동차 판매가 빠르게 늘면서 차량용 반도체 공급이 수요를 따라가지 못하는 수급 불균형이 발생했다. 곧이어 생산 차질에 직면한 글로벌 완성차 업체들은 급히 반도체 재고 확보에 나섰지만 원하는 물량을 공급받지 못했고, 반도체 파운드리 업체 입장에서도 상대적으로 마진이 낮은 차량용 반도체 생산을 늘릴 인센티브가 부족했다.

설상가상으로 전 세계적으로 자연재해가 발생하면서 차량용 반도체 공급 부족 사태는 한층 심화했다. 미국 텍사스주의 유례없는 한파로 글로벌 차량용 반도체 1위 업체인 NXP와 인피니언의 생산라인이 가동을 멈췄고, 글로벌 3위 업체인 르네사스도 공장 화재로 가동을 중단했다. 이러한 일련의 사태는 자동차 업계에 심각한 타격을 입혔다. 글로벌 컨설팅 업체인 알릭스파트너스^{AlixPartners}에 따르면 차량용 반도체 공급 부족 여파로 2021년 글로벌 자동차 생산 차질 규모는 약 390만 대에 이르고, 이로 인한 매출 감소 폭은 약 1,100억 달러에 이를 것으로 전망된다. 이처럼 제조업의 정점이자 광범위한 전·후방 산업을 가지고 있는 자동차 생산이 차질을 빚자 자동차 부품 업체는 물론이고 철강, 전자장비, 타이어 등의 연관 산업들도 적지 않은 타격을 받았다.

그러나 진짜 문제는 차량용 반도체의 수급 불균형이 앞으로도 지속될 가능성이 있다는 점이다. 앞서 언급했듯이 자동차 전장화로 차량용 빈도체 수요가 구조적으로 늘어나는 데에 비해, 차량용 반도체를 생산할 수 있는 기업은 소수에 불과하기 때문이다. 단적인 예로 코로나19 팬데믹 이후로 특히 공급 부족이 두드러진 마이크로 컨트롤러 유닛의 경우 완성차 업체별, 차종별로 사양이 다르고 반도체 제조업체 간의 호환도 어렵다. 더욱이 마이크로 컨트롤러 유닛MCU, 전력관리칩Power Management Integrated Circuit, PMIC 등 대부분의 차량용 반도체는 8인치(200㎜) 웨이퍼에서 생산되는데, 이는 첨단 반도체 공정에 쓰이는 12인치(300㎜) 웨이퍼에 비해 생산성과 수익성이 떨어진다. 또한 차량용 반도체는 가정용에 비해 품질 기준이 엄격하고 개발·양산 기간도 긴 탓에 반도체 제조업체들 입장에서도 8인치 웨이퍼 생산라인 구축에 적극적으로 나서기 어렵다. 차량용 반도체 공급이 NXP, 인피니언, 르네사스, ST마이크로 등 소수 업체에 편중되어 있는 이유다. 게다가 이들 업체 역시 다품종 소량 생산에 따른 비용 증가와 공정 난이도 등을 이유로 생산 외주화 전략Fab-lite을 취한 결과, 현재 대만 파운드리 업체인 TSMC가 전 세계 차량용 마이크로 컨트롤러 유닛 생산량의 70%를 차지하고 있다. 하지만 TSMC의 전체 매출에서 차량용 반도체가 차지하는 비중이 3%에 불과하고 스마트폰, 서버용 반도체에 비해 수익성도 낮아 TSMC 역시 차량용 반도체 생산에 적극적으로 나서기 어려운 상황이다. 이런 점을 놓고 볼 때 앞으로도 공급 부족에 따른 수급 불균형 문제가 당분간 지속되면서 자동차의 원가 상승 요인으로 작용할 전망이다. 그리고 동시에 자동차 업체가 차량용 반도체에 대한 자체 개발 역량을 키우는 계기가 될 것으로 예상된다.

중국 기업들이 차량용 반도체 개발에 적극적으로 나서는 것도 이러한 배경에서다. 미국의 화웨이 제재에서 보듯이 반도체는 '산업의 쌀'을 넘어서 이제 '국가 안보' 차원의 이슈로 자리매김했다. 특히 자동차의 스마트화를 위해 없어서는 안 될 핵심 부품으로 떠올랐다. 중국 정부 역시 반도체의 대외 의존도를 낮추기 위해 관련 기업들을 적극적으로 지원하고 있다.

중국의 대표적인 차량용 반도체 기업으로는 중국판 엔비디아로 불리는 '호라이즌 로보틱스Horizon Robotics'를 꼽을 수 있다. 호라이즌 로보틱스는 바이두에서 딥러닝 분야를 총괄하던 위카이余凯가 2015년에 설립했으며 자율주행차, 사물인터넷 등을 구동하기 위한 AI 반도체의 개발을 주력으로 하는 회사다. AI 반도체는 데이터 학습, 추론 등 인공지능의 핵심 연산을 수행하는 시스템반도체 영역 중 하나로 데이터 처리속도와 전력효율이 높은 것이 특징이다. 자율주행용 연산 플랫폼인 호라이즌 매트릭스Horizon Matrix로 CES 2019에서 혁신상을 수상한 호라이즌 로보틱스는 뛰어난 기술력을 바탕으로 중국 AI 반도체 시장에서 엔비디아, 화웨이 등과 치열하게 경쟁하고 있다. 이미 2019년에 첫 AI 반도체인 '저니 2Journey 2'를 출시한 호라이즌 로보틱스는 2022년부터 레벨4 수준의 자율주행 기능을 지원하는 '저니 5'를 판매할 예정이다. 또한 호라이즌 로보틱스는 설립 이후로 CATL,

비야디, SK그룹, 힐하우스캐피털 등으로부터 16억 달러가 넘는 자금을 투자받았는데, 이렇게 확보한 자금으로 AI 반도체와 자율주행 솔루션 개발 및 상용화에 나서고 있다. 한편, 호라이즌 로보틱스는 협력 파트너를 위한 개방형 생태계 구축에도 투자하고 있다. 현재 상하이자동차, 창청자동차, 아우디, 보쉬 등 다양한 업체를 파트너로 두고 있으며, 2021년 4월에는 독일 자동차 부품 기업인 콘티넨탈과 인텔리전트 주행Intelligent driving 합작사 설립 계약을 체결했다. 특히 반도체 공급 부족 사태를 계기로 이제는 로컬 완성차 업체들과의 협력을 강화하고 있는데, 상하이자동차와 알리바바가 설립한 스마트 전기차 제조사인 즈지자동차에 자사 AI 반도체를 탑재하는 한편, 창청자동차와는 자율주행 등 스마트카 기술을 공동 개발하고 있다.

중국 최대 검색엔진 업체에서 인공지능 중심의 스마트 모빌리티 기업으로 변신하고 있는 바이두 역시 AI 반도체 개발에 적극적으로 나서고 있다. 바이두는 자율주행과 클라우드 컴퓨팅에 사용되는 반도체를 설계 및 제조하는 AI 반도체 자회사인 쿤룬신커지昆仑芯科技를 산하에 두고 있다. 바이두는 2018년에 14나노 공정 기반 AI 반도체인 쿤룬818-300과 818-100을 공개한 뒤 이들을 검색엔진과 클라우드 컴퓨팅, 스마트카 등에 사용하고 있으며, 2021년 8월에는 이보다 성능이 크게 향상된 자율주행 차량용 2세대 AI 반도체를 출시했다. 참고로 2021년 3월에 진행된 투자 라운드에서 평가받은 쿤룬신커지의 기업가치는 20억 달러(한화 약 2조 2,000억 원)에 이른다.

중국의 대표적인 전기차 및 배터리 업체인 비야디 역시 전기차의 핵심 부품인 인버터모듈과 여기에 탑재되는 전력반도체Insulated Gate

Bipolar Transistor, IGBT를 자체 개발하고 있다. 전력반도체는 전기차의 전력 손실을 최소화시키는 부품으로 비야디는 현재 중국의 전력반도체 시장에서 독일 인피니온의 점유율 60%에 이어 18%의 점유율로 2위를 차지하고 있다. 비야디가 코로나19 팬데믹으로 촉발된 반도체 공급 부족 사태의 영향을 상대적으로 덜 받은 것도 전력반도체를 자체적으로 생산한 영향이 크다. 물론 아직까지 비야디의 전력반도체 기술력은 글로벌 업체들에 비해 뒤떨어지는 편이라 하이엔드 모델의 전력반도체는 수입에 의존하고 있다. 하지만 적극적인 R&D 투자와 적용 모델 확대를 통해 꾸준히 성능 향상에 집중하고 있어 점차 기술 격차가 줄어들고 있다. 비야디는 2020년 4월에 반도체 사업부를 분사해 BYD 반도체를 만들었고, 이후 ARM, 샤오미, 레노버, SK차이나 등으로부터 투자를 유치했다.

자율주행의 핵심 인프라, 5G

5G는 4차 산업혁명의 기반 기술 중 하나다. 사람과 사람 간의 연결에 치중했던 기존 4G와 달리 사람과 사물, 나아가 사물과 사물 간 연결로 범위를 확장한 5G는 미래 모빌리티 혁신에서 빼놓을 수 없는 요소다. 초고속·저지연·초연결을 특징으로 하는 5G는 LTE 대비 20배 정도 빠른 속도를 구현할 수 있고, 지연 속도는 1ms(0.001초)에 불과하다. 5G 기술이 다양하고 혁신적인 모빌리티 생태계 발전의 촉매제가 될 것으로 예상되는 이유다.

미래 모빌리티 산업 중 하나인 커넥티드카의 경우, 운전사와 자동차, 자동차와 주변 환경 및 교통 인프라를 연결해 더욱더 안전한 주행 환경을 제공할 뿐만 아니라 차 안에서 음악, 영상 콘텐츠를 감상하고 쇼핑을 즐길 수 있다. 또한 5G 무선 업데이트를 통해 운영체제도 업데이트할 수 있다. 미래 모빌리티의 종착점인 자율주행차도 5G와 밀접하게 연관되어 있다. 사실 부분 자율주행 단계인 레벨3까지는 카메라, 라이다, 레이더 등의 센서를 활용해 어느 정도 구동이 가능하지만, 조건부 완전 자율주행 단계인 레벨4부터는 차량에 탑재된 센서만으로는 완벽한 성능의 자율주행 기능을 구현하기 어렵다. 센서가 주변 환경을 인식하는 범위가 최대 300m 정도에 불과하고 그마저도 날씨나 도로 상황에 따라 기능이 제한될 수 있기 때문이다. 따라서 센서의 한계를 극복하고 운전자의 안전을 확보하기 위해서는 차량의 위치를 추정하는 고정밀 맵핑 기술과 함께 차량과 주변 환경을 연결하는 통신 기술V2X이 동반되어야 한다.

실제로 V2X를 활용하면 반경 1km 내 위치한 다른 차량 및 교통 인프라와 정보 교환이 가능해 비가시非可視 구역에 있는 사물을 인식할 수 있고 자율주행에 수반되는 데이터 연산량도 크게 줄여준다. 카메라 등의 센서를 활용해 데이터를 수집 및 분석하려면 많은 로드가 걸리지만, V2X를 통해 주변 환경 정보를 곧바로 송·수신하면 그만큼 속도와 확실성이 향상되는 것이다.

V2X에서 가장 첨예한 이슈는 기술 표준화 경쟁이다. V2X 기술에 대한 국제 표준은 크게 DSRCDedicated Short Range Communication 방식과 C-V2XCellular-Vehicle to Everything의 두 가지로 나뉘는데, 전자인 DSRC는

DSRC와 C-V2X 특징 비교

	DSRC	C-V2X
통신 기술	WAVE 와이파이 기반	LTE, 5G 셀룰러 이동통신 기반
커버리지	1km 미만	수 km
장점	안정성, 상용 서비스 가능	최신 기술, 확장성
단점	제한된 커버리지, 낮은 확장성	표준화 등 준비기간 필요
채택 국가	유럽(WAVE, LTE 병행)	미국, 중국

무선랜 기술을 적용한 근거리 전용 통신 방식이고 후자인 C-V2X는 기존 휴대전화 통신망을 기반으로 차량 통신을 위해 개발된 기술이다. 초기에는 안정성이 검증된 DSRC가 대세를 이뤘지만, 최근 들어서는 주요국 통신사들이 5G 투자를 확대하고 통신반경, 전송속도 등에서 C-V2X의 우위가 부각되면서 C-V2X의 시장 점유율이 늘어나고 있다.

특히 중국은 주요국 가운데서도 자율주행을 위한 5G 통신망 구축과 C-V2X 도입에 가장 적극적인 국가다. 2018년 말에 개최된 중앙경제공작회의에서 5G를 인공지능, 사물인터넷 등과 함께 신형 인프라로 명시한 이후 중국 정부는 본격적으로 5G 통신망 구축에 나섰다. 주주 구성이 민간 위주인 선진국 통신 기업들과 달리 중국의 경우 차이나텔레콤, 차이나유니콤, 차이나모바일 등 주요 통신 기업의 주주

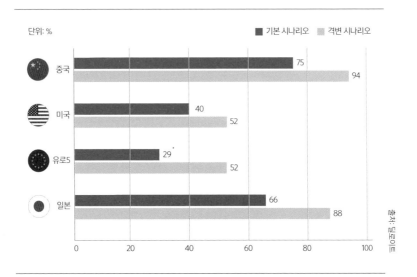

주요국 2035년 판매 예정 신차 중 V2X 기능을 갖춘 차량 비율

단위: %

■ 기본 시나리오　■ 격변 시나리오

중국	75	94
미국	40	52
유로5	29	52
일본	66	88

0　20　40　60　80　100

출처: 딜로이트

가 정부이기 때문에 투자손실과 감가상각에 따른 단기적인 수익성 악화를 우려하지 않고 과감하게 투자할 수 있다. 중국국제경제센터中国国际经济交流中心에 따르면 2022년까지 중국 전역에 약 200만 개의 5G 기지국이 건설될 것으로 전망되며, 국가 안보 등을 이유로 이 물량의 대부분을 화웨이, ZTE 등의 자국 업체가 수주할 것으로 예상된다.

통신 기술 분야에서도 중국 정부의 존재감은 뚜렷하다. 중국의 경제정책을 총괄하는 국가발전개혁위원회는 2018년에 자율주행차 3단계 발전 전략을 제시했는데, 이에 따르면 1단계인 2020년까지 관련 제도를 수립하고 2단계인 2025년까지 5G 기반의 V2X 기술을 보급한 뒤, 3단계인 2030년까지는 글로벌 자율주행 선도국가로 도약한다는 목표다. 이와 관련해 글로벌 컨설팅 업체 딜로이트는 2035년까지

각국의 신차 판매에서 V2X 기능을 갖춘 차량의 비율을 전망했는데, 주요국 가운데 중국이 가장 높은 것으로 나타났다. 커넥티드카에 대한 선호도뿐만 아니라 관련 서비스에 대한 비용 지불 의사도 높고, 이것이 인프라 투자를 촉진하는 요인으로 작용할 것이라는 이유에서다. 실제로 중국은 전 세계에서 가장 먼저 C-V2X를 자국의 V2X 통신 표준으로 정식 채택해 상용화를 진행하고 있다. 또한 2022년까지 길이 161km의 전 구역이 5G로 커버되는 항사오융 스마트 고속도로를 건설하고, 충칭, 창사 등 주요 도시에 5G 통신망을 사용하는 자율주행차 시범지대를 지정하는 등 5G와 연계된 자율주행 인프라 투자에도 적극적으로 나서고 있다.

모빌리티에 주력하는 화웨이

5G 관련 모빌리티 기업 중에서 주목할 만한 기업은 단연 화웨이다. 전 세계에서 5G 특허를 가장 많이 보유하고 있는 화웨이는 미국의 제재로 스마트폰, 통신장비 사업부가 큰 어려움에 처하자 모빌리티 분야에서 새로운 성장동력 발굴에 나서고 있다. 구체적으로 2019년에 4,000명 규모의 스마트카 솔루션 사업부를 설립하고 첨단 기술을 필요로 하는 완성차 업체에 스마트 부품과 차량용 소프트웨어를 공급하는 비즈니스에 주력하고 있다. 화웨이의 커넥티드카 플랫폼인 하이카 HiCar가 대표적인 제품인데, 이를 이용하면 스마트폰으로 차량 시동을 걸거나 에어컨을 조절하고 집에 있는 가전제품까지 제어할 수 있다.

2021년 말까지 20개 이상의 완성차 업체가 생산하는 150여 개 차종에 화웨이의 하이카 시스템이 탑재될 예정이다. 또한 화웨이는 5G 기술을 활용해 스마트폰과 차량, 외부 네트워크 간의 연결성을 강화하고 있는데, 그 일환으로 2020년 5월에 상하이자동차, 제일자동차, 둥펑자동차東風汽車公司, 창안자동차, 비야디 등 주요 자동차 업체들과 '5G 자동차 생태계'를 구축해 5G 기술에 기반한 스마트카 상용화에 적극적으로 나서고 있다.

2021년 4월 상하이모터쇼에서 공개된 '아크폭스 알파S HI'는 화웨이의 미래 모빌리티 전략이 응축된 결과물이다. 화웨이와 베이징자동차의 전기차 자회사인 베이징신에너지차Beijing Electric Vehicle, BJEV가 협력해 만든 자율주행 전기차로 자체 개발한 애플리케이션 프로세서AP인 기린칩뿐만 아니라 화웨이의 자율주행시스템ADS인 '화웨이 인사이드Huawei Inside'를 탑재하고 있다. 인텔이 '인텔 인사이드Intel Inside'를 내걸고 컴퓨터의 두뇌인 중앙처리장치를 장악했듯이, 화웨이 역시 미래 스마트카 시장의 핵심 영역을 장악하겠다는 야심을 명칭에서 드러낸 것이다.

이와 함께 화웨이의 모바일 운영체제인 홍멍 OS를 스마트카에도 적용한 점이 주목할 만한데, 이는 스마트폰에서 자동차로 연결되는 끊김 없는 고객 경험으로 소비자의 편의성을 높이고 인포테인먼트와 결제 등 모빌리티 서비스의 수익화 시점을 앞당기려는 의도가 반영된 것이라고 할 수 있다. 또한 '아크폭스 알파S HI'에는 12개의 카메라와 13개 초음파 레이더, CATL의 삼원계 배터리가 탑재되어 있는데, 10분 충전으로 197km를 주행할 수 있고 최대 주행거리는 708km

화웨이는 베이징자동차의 전기차 자회사인 베이징신에너지차와 협력해 만든 아크폭스 알파S HI 모델을 2021년 상하이모터쇼에서 선보였다.

화웨이의 하이카 스마트 스크린. 미국의 집중 견제를 받고 있는 화웨이는 모빌리티 산업을 발판으로 새로운 성장동력을 확보하기 위해 노력하고 있다. 자동차 제조에 직접 뛰어들기보다 완성차 업체에 스마트 부품과 차량용 소프트웨어를 공급하는 비즈니스에 주력하고 있다.

에 이른다. 특히 자율주행차에서 눈 역할을 하는 라이다에는 화웨이의 자체 라이다 시스템을 최초로 적용했다.

중국 모빌리티 산업에서 주도권을 잡기 위해 연합전선을 구축하려는 화웨이의 노력은 여기서 그치지 않는다. 전기차 업체인 싸이리쓰와 합작해 하이카 시스템이 장착된 전기차 모델 SF5 화웨이즈쉬안华为智选을 출시해 시장에서 좋은 반응을 얻었고, 광저우자동차그룹의 전기차 자회사인 GAC아이온과 손잡고 차세대 스마트카 개발에도 착수했다. 또한 창안자동차 및 CATL과 함께 하이엔드 전기차 브랜드를 설립해 2022년 초에 첫 모델을 출시할 예정이다. 비록 미국의 집중 견제로 고전을 면치 못하지만, 모빌리티 산업을 발판으로 새로운 성장동력을 확보하기 위해 필사적인 움직임을 보이는 화웨이의 행보에 주목할 필요가 있다.

Part 3

혁신을 이끄는
차이나 모빌리티 플레이어들

08

테슬라에 도전장을 내민
중국 전기차 삼총사

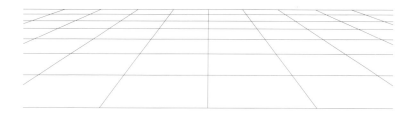

2세대 전기차 스타트업, 시장을 뒤흔들다

중국의 전기차 판매가 급증세를 이어가면서 중국 자동차 시장의 무
게추가 내연기관차에서 전기차로 옮겨가고 있다. 시진핑 정부의
2060년 탄소중립 달성을 위한 정책이 구체화되고 주요 자동차 업체
들이 신형 모델을 출시하면서 전기차 침투율이 빠르게 상승하고 있
다. 이처럼 중국의 전기차 시장이 본격적인 성장 궤도에 올라서자 기
존 완성차 업체들은 물론 화웨이, 샤오미와 같은 IT 기업들도 전기
차 산업에 앞다퉈 진출하고 있다. 물론 중국의 전기차 전환이 처음부

터 순조로웠던 것은 아니며 상당 기간 많은 시행착오를 겪은 것도 사실이다. 정부 보조금에 대한 의존도가 높다 보니 기술력을 갖추지 못한 업체들이 우후죽순처럼 생겨나 산업 생태계를 교란했고 짧은 주행 거리와 부족한 충전 인프라는 소비자에게 적지 않은 부담으로 작용했다. 또한 테슬라의 성공을 벤치마킹해 전기차 사업에 뛰어든 바이톤Byton과 같은 1세대 전기차 스타트업은 초반에는 크게 주목받았으나 자금 조달 문제와 양산 경험 부족으로 곧 심각한 경영난에 직면하기도 했다.

하지만 니오, 샤오펑, 리오토로 대변되는 2세대 전기차 스타트업이 등장하면서 상황이 달라졌다. 이들 업체는 중국의 주요 빅테크 플랫폼 기업들을 주주로 참여시켜 대규모 투자금을 확보하는 한편, 위탁생산을 통해 안정적인 제조 기반을 마련함으로써 기존 스타트업들이 지니고 있던 약점을 보완했다. 그리고 이를 토대로 뛰어난 품질과 높은 기술력을 갖추며 중국 전기차 생태계가 한 단계 업그레이드되는 데 크게 기여했다. 최근 중국의 전기차 시장이 이들을 중심으로 재편되고 있는 것도 이러한 배경에서다. 중국 정부 역시 전기차 산업이 양적 성장에서 벗어나 질적 성장으로 전환할 수 있도록 다양한 지원책을 펼치고 있다. 이에 이번 장에서는 중국 전기차 산업의 발전을 이끄는 니오, 샤오펑, 리오토의 차별화된 경쟁력과 향후 사업 전략에 대해 살펴보도록 하겠다.

중국 전기차 혁신의 아이콘, 니오

'중국판 테슬라'의 선두주자로 꼽히는 니오는 중국 전기차 혁신의 아이콘이라고 해도 과언이 아니다. 2014년에 설립된 이후로 시스코^{Cisco}, GM, 포드 등에서 기술책임자들을 영입함으로써 기술력을 끌어올리는 한편, 2대 주주인 텐센트를 포함해 다양한 투자자들로부터 대규모 자금을 투자받으며 몸집을 키웠다. 그리고 이를 통해 통상 4~5년이 걸리는 전기차 개발 주기를 대폭 앞당기면서 중산층을 겨냥한 프리미엄 SUV 전기차 모델들을 내놓기 시작했다. 대표적으로 2017년에 출시한 ES8과 2018년 말에 출시한 ES6, 그리고 2020년 8월에 출시한 쿠페형 SUV인 EC6를 들 수 있다. 이들은 세련된 디자인과 뛰어

니오의 주요 모델. 프리미엄 전기차 업체인 니오는 세련된 디자인과 뛰어난 성능을 앞세워 중국에서 큰 인기를 얻고 있다.

난 성능을 바탕으로 중국 소비자들로부터 큰 인기를 얻고 있다.

2018년 9월에 미국 증시에 상장한 니오는 완성차 업체들 가운데 테슬라에 이어 두 번째로 중앙집중형 아키텍처를 구축했으며, 무선통신으로 차량의 하드웨어 성능까지 업데이트하는 펌웨어 무선 업데이트Firmware Over The Air, FOTA도 가능하다. 특히 테슬라가 가격 인하에 나서고 모델Y를 출시하는 등 거친 공세를 펼쳤음에도 불구하고 중국에서 니오의 판매량은 나날이 증가하고 있다. 여기에 2022년 1분기에는 첫 세단형 모델인 ET7 출시를 계획하며 라인업 확대에도 나서고 있는데, ET7부터는 자체 자율주행 시스템인 NADNIO Autonomous Driving의 월정 구독서비스를 제공할 예정이다. 이처럼 기존 모델이 판매 호조를 보이고 신차 출시 계획도 구체화되면서 니오는 적극적인 증설에 나서고 있다. 2020년 말 기준으로 월 7,000대 수준이던 생산능력을 2021년에 말에는 월 12,500대로 끌어올릴 계획이다. 2021년 하반기부터 유럽을 시작으로 아시아 등 글로벌 시장 공략에도 적극적으로 나서고 있으며, 2022년부터는 인텔의 자회사 모빌아이Mobileye와 손잡고 유럽 로보택시 시장에도 진출할 예정이다.

니오는 배터리 구독서비스인 BaaS, 자율주행, 배터리 기술력 등 다양한 부문에서 강점을 갖고 있다. 우선 BaaS는 니오가 다른 전기차 회사들과 구별되는 차별화된 경쟁력이라고 할 수 있다. 전기차의 차체와 배터리를 분리해 차체만 판매하고 배터리는 구독서비스 형태로 임대해주는 방식인데, 소비자들은 BaaS를 통해 프리미엄 전기차를 저렴한 가격으로 구입하고 충전시간도 크게 단축한다는 점을 매력으로 느낄 수 있다. 참고로 BaaS는 중국 정부가 전기차 판매 시 배터

출처: 니오

니오의 배터리 스왑 스테이션.

리를 함께 탑재해야 한다는 규제를 풀면서 가능해진 비즈니스 모델로 배터리 임대와 충전에서부터 수리, 재사용까지를 모두 포괄한다. 정부의 규제 완화로 배터리를 활용한 다양한 부가가치 서비스가 가능해진 것이다.

잘 알려진 것처럼 전기차는 다양한 장점에도 불구하고 비싼 가격과 긴 충전시간 등 여러 가지 해결과제를 안고 있다. 시간이 갈수록 배터리 성능이 급격히 떨어지는 것도 단점으로 꼽힌다. 그런데 BaaS를 통해 배터리를 구독하면 이 모든 문제를 한번에 해결할 수 있다. 예를 들어 소비자가 니오의 BaaS를 이용할 경우 니오의 프리미엄 전기차 초기 구매비용이 7만 위안(한화 약 1,260만 원)이나 낮아지고 방전된 배터리를 완충된 고성능 배터리로 교환하는 데에도 3분 정도밖에 걸리지 않는다. 또한 니오 입장에서도 초기 판매가를 낮춰 전기차의 잠재 고객층을 확대할 수 있고, 안정적인 배터리 서비스 구독료 수

입을 올리는 효과도 거둘 수 있다. 즉, 전기차와 관련된 소비자들의 불편을 해소해주는 동시에 다른 기업과 차별화된 강점을 갖게 된 것이다.

2020년 8월에 출시된 배터리 구독서비스는 니오의 모든 전기차 모델에 적용되고 있으며, 상당수 구매자가 배터리 구독서비스에 가입할 만큼 높은 인기를 얻고 있다. 이에 니오는 BaaS 비즈니스를 확장하기 위해 배터리 스왑 스테이션 구축에도 적극적으로 나서고 있다. 2021년을 기준으로 중국 전역에 설치된 700여 곳의 배터리 스왑 스테이션을 2025년까지 4,000곳으로 대폭 늘리는 동시에 1세대 대비 절반 수준의 비용으로 교환능력을 3배가량 늘린 2세대 배터리 스왑 스테이션도 출시했다. 이와 함께 매월 일정액을 지불하면 보험 및 차량 유지·보수를 제공하는 상품을 출시하는 등 일회적 차량 판매가 아닌 반복적 현금 흐름을 창출할 수 있는 수익모델을 확대하고 있다. CATL, 궈타이쥔난인터내셔널증권, 후베이과학기술투자그룹 등과 손잡고 합작사인 '우한웨이닝배터리 에셋 컴퍼니武汉蔚能电池资产有限公司'를 설립한 것도 배터리 관련 서비스를 확대하기 위해서다.

자율주행 기술도 니오의 강점 중 하나다. 컴퓨터 비전 분야의 세계적인 권위자인 샤오칭런任少卿이 이끄는 니오의 자율주행 부문은 글로벌 수준의 경쟁력을 갖춘 것으로 평가받고 있다. 현재 니오는 모빌아이의 AI 칩셋인 아이큐4EyeQ4와 바이두의 고정밀 지도 기술을 활용해 레벨3 수준에 근접한 자율주행 기능을 구현하고 있다. 2022년 1분기에 출시 예정인 ET7에는 더욱 업그레이드된 자율주행 기술이 적용될 예정인데, 기존의 니오 파일럿Nio Pilot이 고속도로에서만 사용이 가능했던 것과 달리 새로운 자율주행 시스템인 NAD는 테슬라의 FSD^Full Self-Driving와 마찬가지로 복잡한 도심주행이 가능하다. 구체적으로 NAD는 슈퍼 센싱 시스템인 아퀼라^Aquila와 슈퍼 컴퓨팅 플랫폼인 아담^Adam을 기반으로 작동한다. 아퀼라는 테슬라의 120만 화소보다 뛰어난 800만 화소의 고화질 카메라 11개와 최대 500m까지 감지하는 고해상도 라이다 1개, 밀리미터파 레이다 5개 등 총 33개의 센서로 구성되어 있으며, 초당 8GB의 데이터를 생성한다. 그리고 이처럼 방대한 데이터를 처리하는 아담은 현존하는 가장 강력한 컴퓨팅 플랫폼 중 하나로 꼽힌다. 아담에는 엔비디아의 최신 자율주행 반도체 '드라이브 오린 시스템온칩^System on Chip, SoC'이 4개 장착되어 있어 초당 최고 1,016조 번의 연산을 진행할 수 있다. 니오는 자율주행 시스템 NAD를 지금과 같은 패키지 판매가 아니라 월 구독형 서비스(680위안)로 제공할 계획인데, 앞서 언급한 배터리 구독서비스와 함께 NAD 구독이 빠르게 확산된다면 2018년에는 2%에 불과했던 니오의 서비스 매출 비중도 2023년에는 10%로 증가해 매출 구조 다변화에 기여할 것으로 전망된다.

니오의 또 다른 비밀병기는 전기차의 심장인 배터리다. 2021년 1월에 열린 니오데이^NIO Day 행사에서 윌리엄 리^William Li CEO는 2022년 4분기부터 '꿈의 배터리'로 주목받는 전고체 배터리팩(150kWh)을 ET7에 적용할 것이라고 밝혔다. 전고체 배터리팩은 삼원계 배터리보다 월등히 높은 에너지 밀도를 갖고 있어 유럽연비측정방식을 기준으로 1회 충전 시 1,000km 이상 주행할 수 있는데, 니오의 배터리 교환 스테이션을 이용하면 기존 ET7 구매자들도 향후 전고체 배터리

팩으로 업그레이드가 가능해진다. 배터리 공급은 자체 생산이 아닌 CATL, 칭타오에너지淸陶能源 등의 외부업체가 맡을 것으로 예상된다. 다만 글로벌 선두권 배터리 업체들도 전고체 배터리 상용화에는 상당한 시간이 걸릴 것으로 예상되는 만큼, 니오가 제시한 비전을 현실로 구현할 수 있을지는 좀 더 지켜볼 필요가 있다.

알리바바가 지원하는 샤오펑

2015년에 설립된 샤오펑은 중국 전기차 업체 중에서 가장 뛰어난 소프트웨어 역량을 갖춘 신흥 강자로 2020년 8월 미국 증시에 상장했다. 샤오펑의 공동 창업자이자 CEO인 허샤오펑은 알리바바의 모바일 사업을 총괄했던 인물로 알리바바와 긴밀한 협력관계를 유지하고 있다. 실제로 알리바바는 설립 초기부터 핵심 투자자로 참여해 현재 샤오펑의 지분 13.3%를 보유한 2대 주주다. 샤오펑은 설계·R&D부터 제조·마케팅에 이르는 전기차 밸류체인을 아우르는 업체로 준중형 SUV G3와 세단형 P7 등 2개의 대표 차종을 생산하고 있다. 또한 중국의 전기차 스타트업 가운데서는 최초로 자율주행 시스템인 엑스파일럿XPILOT을 개발했으며, 이 과정에서 테슬라 출신 엔지니어를 영입해 오토파일럿 기술을 도용했다는 의혹으로 테슬라와 소송을 벌이기도 했다. 샤오펑의 대표 전기차 모델인 P7에는 테슬라와 유사하게 내부에 계기판이 아닌 대형 모니터가 장착되어 있으며 엔비디아의 고성능 AI 프로세서인 자비에Xavier가 탑재되어 있다. 게다가 초음파 센서

12개, 자율주행 카메라 13대, 고정밀 레이더 5개가 탑재되어 있어 레벨3에 가까운 자율주행 기능을 구현한다.

샤오펑의 최신 자율주행 시스템인 엑스파일럿 3.0에는 고속도로 자율주행 솔루션인 NGP^Navigation Guided Pilot가 포함되어 있어 탑승자가 지도에 목적지를 입력하면 가속·제동, 차선 변경, 앞차 추월 등의 기능으로 고속도로 주행이 가능하다. 실제로 샤오펑은 광저우에서 베이징에 이르는 3,000km 구간에서 NGP를 이용한 장거리 주행에 성공했는데, 이 과정에서 운전자 개입 빈도는 100km당 0.71번에 불과한 것으로 나타났다. 이 같은 기술력을 바탕으로 샤오펑은 중국 전기차 삼총사 중에서 가장 테슬라에 근접한 자율주행 기능을 갖춘 것으로 평가된다.

샤오펑은 전기차를 단순한 차량이 아니라 바퀴 달린 컴퓨터로 업그레이드하기 위해 플랫폼 생태계를 장악하고 하는 알리바바와의 협력도 강화하고 있다. 알리바바는 자사 결제 앱인 알리페이를 샤오펑의 인카앱스토어^In-car app store에서 사용할 수 있도록 하는 한편, 6억 명의 월 활성 이용자^Monthly Active Users, MAU를 보유한 자사 지도 앱인 Amap 高德地圖을 활용해 샤오펑의 내비게이션 시스템 설계와 자율주행 기술 개선을 지원하고 있다. 최근에는 Amap의 3세대 차량 내비게이션 시스템이 P7에 탑재되었는데, 여기에는 자율주행에 필요한 주변 현실^Surrounding Reality 디스플레이가 사용된다. 3세대 차량 내비게이션은 기존 내비게이션과 달리 AI 비전 기술과 고정밀 지도를 활용해 도로뿐만 아니라 개별 차량, 차선 정보를 입체적인 3D 화면으로 표시해 탑승자의 운전경험을 향상시켜준다. 이와 함께 샤오펑은 2021년

Amap의 3세대 차량 내비게이션.

10월에는 엑스파일럿 3.5를 출시했으며, 이후 드론 업체인 DJI가 인 큐베이팅한 라이복스가 개발한 라이다를 탑재한 신형 전기차도 출시할 계획이다.

2020년을 기점으로 P7(세단형)과 G3(SUV형)의 판매가 급증하면서 샤오펑은 생산능력 확대에 주력하고 있다. 이전의 중국 전기차 업체들이 전기차 대량 생산에 어려움을 겪은 점을 감안해 샤오펑은 일찌감치 기존 자동차 업체이자 허난성-마쓰다 합자회사인 하이마海馬에 위탁생산을 맡겼다. 하지만 전기차 판매량이 빠르게 늘면서 판매 수요를 감당하지 못하게 되자 광둥성 자오칭肇慶에 연간 10만 대 생산이 가능한 제1호 공장을 건설해 자체 생산에 들어갔으며 최근에는 이 공장의 생산능력을 연간 20만 대로 늘리기로 했다. 이뿐만 아니라 2022년 완공을 목표로 40억 위안(한화 약 7,200억 원)을 투자해 광저우

샤오펑의 주요 모델인 P7과 G3. 샤오펑은 가파른 판매량 증가에 대응하기 위해 자체 생산 공장을 건설하는 등 생산능력 확대에 적극적으로 나서고 있다.

에 제2공장을 건설하고 있고, 후베이성에서도 연간 10만 대 생산규모의 제3공장 착공에 들어갔다. 이와 함께 CATL과 전략적 파트너십을 맺음으로써 배터리를 안정적으로 조달받고 있고 이를 기반으로 CATL의 리튬인산철 배터리가 탑재된 P7, G3 등의 전기차 모델을 판매하고 있다. 2021년 4분기에는 두 번째 세단 모델인 P5를 출시했다. 샤오펑은 이를 통해 중국 내 시장 점유율을 높이는 한편, 유럽향 수출을 늘리며 글로벌 시장 진출에 박차를 가할 것으로 전망된다.

EREV 기술이 돋보이는 리오토

2015년 7월에 설립된 리오토는 니오에 이어 미국 증시에 상장한 두 번째 중국 전기차 업체다. 리오토는 상장에 앞서 9차례에 걸쳐서 투자금 펀딩을 받았는데, 최대주주인 메이퇀덴핑(지분 23.3%)을 포함해 샤오미, 바이트댄스 등의 대형 IT 업체들이 주요 투자자로 참여했다.

메이퇀뎬핑이 최대주주인 리오토는 가솔린 엔진과 배터리를 겸용하는 EREV 기술에 특화된 업체다.

메이퇀뎬핑의 최대주주가 텐센트라는 점을 감안하면 리오토 역시 텐센트의 생태계에 포함된 전기차 업체라고 할 수 있으며, 향후 중국 최대 종합생활서비스 플랫폼 기업인 메이퇀뎬핑과 무인배송 및 O2O 서비스 부문에서 협업할 가능성이 크다. 리오토의 창업자인 리샹李想은 2005년에 자동차플랫폼인 오토홈汽车之家을 창립해 2013년에 나스닥에 상장시켰고, 이후 2015년에 리오토를 설립했다.

순수 전기차에 집중하는 여타 중국 전기차 업체들과 달리 리오토는 가솔린 엔진과 배터리를 겸용하는 EREV(주행거리 연장형 전기차) 기술에 특화된 업체다. 구체적으로 리오토의 SUV 모델인 리샹원은 평소 주행은 모터로 하고 배터리가 부족하면 발전기 역할을 하는 가솔린 엔진이 돌아가면서 배터리를 충전한다. 기존 내연기관차에 모터와 배터리를 장착한 플러그인하이브리드와 정반대로 작동하는 시스템이라고 할 수 있다.

EREV의 주행거리는 배터리만 사용할 경우 180km에 불과하지만, 가솔린 엔진을 활용하면 800km로 크게 늘어난다. 중소형 전기차가 커버하는 도심 주행뿐만 아니라 여가활동을 위한 중장거리 주행도 가능한 수준이다. 리오토는 전기차 시장의 성장 잠재력이 높은 3선 이하 지방도시에 충전 인프라가 충분치 않은 현실을 감안해 과도기적으로 EREV 방식을 도입했는데, 이것이 소비자들의 니즈와 맞아떨어지며 2020년 판매량이 3만 대를 돌파하는 등 판매 호조를 보이고 있다. 참고로 리오토는 향후 배터리 가격이 충분히 낮아질 경우 가솔린 엔진을 없앨 계획이다. 한편 리오토는 대량 생산에 따른 어려움을 타개하기 위해 2018년에 충칭에 위치한 리판자동차를 인수해 연간 10만

중국 전기차 삼총사 특징 비교

	니오 NIO	샤오펑 XPENG	리오토 理想
주요 주주	텐센트	알리바바	메이퇀뎬핑
미국 증시 상장 시기	2018년 9월	2020년 8월	2020년 7월
차량 모델	EC6, ES8, ES6, ET7	P7, G3, P5	리샹원
차별점	배터리 구독서비스, 자율주행 시스템 NAD, 프리미엄 SUV	자율주행 시스템, 엑스파일럿, 가격 경쟁력, 알리바바와의 협력	EREV, 긴 주행거리

대 규모의 생산공장을 건설했으며, 2021년에는 생산능력을 추가로 확충하기 위해 현대차의 베이징 1공장을 인수했다. 이와 함께 러시아, 아르헨티나 등에 있는 리판자동차의 해외거점을 활용한 글로벌 시장 진출도 타진하고 있다. 또한 CATL의 배터리를 채용해 안정적인 배터리 공급선도 확보했는데, 이를 기반으로 2022년에 다음 신차 모델을 출시하며 단일 모델이던 리샹원에 라인업을 추가해 매출 기반을 강화할 것으로 예상된다.

09

글로벌 플레이어로
부상한 지리자동차

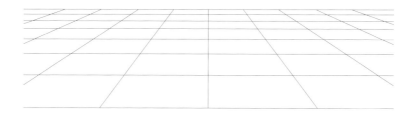

강력한 브랜드 파워를 가진 지리자동차

중국이 글로벌 전기차 산업의 중심축으로 부상하고 있다. 정부의 전
폭적인 지원과 풍부한 내수 수요에 힘입어 전기차 침투율이 빠르게
증가하고 있고, 동력원인 배터리부터 각종 전자장비, 인포테인먼트,
급속 충전기에 이르는 전기차 밸류체인이 탄탄하게 구축되고 있기 때
문이다. 여기에는 중국 자동차 기업들의 적극적인 투자와 기술 혁신
을 위한 노력도 빼놓을 수 없다. 정부가 아무리 친환경 정책을 펼치고
다양한 혜택을 제공해도 자동차 기업이 소비자를 유인할 만한 전기차

모델을 생산하지 못하고, 설령 생산하더라도 내연기관차에 비해 품질과 가격 면에서 경쟁력이 떨어졌다면 중국 전기차 시장이 이렇게 빠르게 성장하지 못했을 것이기 때문이다.

이런 점에서 중국 최대 민영 자동차 업체이자 강력한 브랜드 파워를 가진 지리자동차에 주목할 필요가 있다. 상하이자동차, 베이징자동차 등 국영 자동차 업체들이 글로벌 완성차 업체들과 합작법인을 설립한 것과는 대조적으로 과감한 투자와 M&A로 사업 영업을 확대하며 중국 시장을 넘어서 글로벌 플레이어로 빠르게 부상하고 있기 때문이다. 실제로 지리자동차는 소형 세단부터 SUV, MPV(다목적차량), 중대형 고급차까지 다양한 라인업을 보유하며 민영 브랜드 중판매량 1위를 기록하고 있고, 전기차 전용 플랫폼에 기반한 전기차모델도 꾸준히 출시하고 있다. 폭스바겐의 멀티브랜드 전략Multi-brand strategy*을 벤치마킹해 글로벌 자동차그룹으로 거듭나겠다고 한 리수푸李书福 회장의 구상이 현실화되고 있는 것이다.

지리자동차가 중국 대표 브랜드가 된 비결은

지리자동차의 리수푸 회장은 1986년 에어컨 및 냉장고 부품 업체인

---

* 한 회사 산하에 복수의 브랜드를 가지고 시장을 공략하는 전략. 지리홀딩그룹은 산하에 지리자동차, 스웨덴 자동차 브랜드 볼보, 볼보와 합작 브랜드인 링크앤코Lynk&Co와 폴스타Polestar, 말레이시아 대중차 브랜드 프로톤Proton, 영국 고급차 브랜드 로터스Lotus 등 다수의 브랜드를 보유하고 있다.

지리창업을 세워 회사를 키운 뒤 1997년에 국영 기업인 지리자동차를 인수하며 자동차 산업에 뛰어들었다. 하지만 당시는 중국 내 자동차 관련 인프라가 열악했고 지리자동차의 인력과 기술도 크게 부족한 상황이었으므로 소규모 민간 기업이 자동차 제조에 나선다는 것은 무모한 도전에 가까웠다. 이에 지리자동차는 홍치HongQi, 도요타, 벤츠 등 국내외 기업의 자동차들을 사들여 해체와 조립을 반복하면서 기술과 생산 노하우를 습득했다.

이후 리수푸 회장은 저가 자동차 생산에 치중해서는 글로벌 기업은커녕 국내 기업들과도 경쟁하기 어렵다고 판단하고, 부족한 기술력을 단기간에 끌어올리기 위해 해외 브랜드 자동차 인수에 적극적으로 나섰다. 이런 점에서 2010년에 스웨덴의 명차 브랜드로 잘 알려진 볼보의 지분 100%를 18억 달러에 인수한 것은 지리자동차가 글로벌 자동차 업체로 도약하는 데 결정적인 역할을 한 '신의 한 수'였다. 볼보를 소유하고 있던 미국의 포드가 2008년의 글로벌 금융위기 이후 경영난에 처하면서 매물로 내놓은 것을 지리자동차가 사들인 것이다. 사실 당시만 해도 "뱀이 코끼리를 삼켰다"라며 지리자동차의 볼보 인수가 실패로 끝날 것이라고 보는 전망이 지배적이었다. 하지만 결과는 정반대였다. 지리자동차는 적극적인 투자를 감행하면서도 볼보의 브랜드 가치와 아이덴티티를 최대한 살렸다. 또한 볼보의 선진 제조 노하우와 기술력을 배우고 볼보의 기업문화Volvo way도 과감하게 받아들였다. 그리고 이를 통해 볼보의 신차 개발을 지속하는 동시에, 볼보로부터 흡수한 기술력을 바탕으로 가성비 높은 중국 내수용 모델도 출시하는 투 트랙 전략을 구사했다. 무리한 플랫폼 통합과 차급 조정으로 볼보의 가치를 훼손했던 포드와는 대조적인 접근이었다.

볼보 인수로 지리자동차가 얻은 가장 큰 수확은 기술력과 특허다. 볼보의 뛰어난 R&D 역량에 힘입어 이후 지리자동차가 생산하는 자동차의 품질이 눈에 띄게 향상되었다. 이를 위해 스웨덴 고센버그^{Goth-enburg} 연구소에서 지리자동차와 볼보의 연구 인력들이 함께 일하고 있으며, 2015년부터는 지리자동차의 신모델 생산에 볼보의 디자이너와 엔지니어가 직접 참여하고 있다. 또한 유럽, 미국 등 글로벌 시장을 겨냥해 론칭한 새 자동차 브랜드인 링크앤코의 경우 지리자동차와 볼보가 공동 개발한 신규 CMA^{Compact Modular Architecture} 플랫폼을 적용했다. 이와 함께 이전까지는 지리자동차가 1,000개 이상의 부품 공급업체를 관리하느라 품질 관리에 어려움을 겪었으나, 인수 이후 볼보가 1차 밴더를 소개하고 지리자동차와 공동 소싱하면서 글로벌 부품사와 공급 계약을 맺을 수 있게 된 것도 지리자동차의 품질 향상에 결정적인 역할을 했다.

볼보 인수는 지리자동차가 추진하는 글로벌 M&A 행보의 서막에 불과했다. 지리자동차는 2013년에 영국의 택시 '블랙캡'을 생산하는 LEVC^{London Electric Vehicle Company}의 지분을 사들였고, 이듬해에는 영국 전기차 업체인 에메랄드 오토모티브^{Emeral Automotive}를 인수했다. 이어서 차세대 성장동력을 발굴하기 위해 자율주행 전기차, 차량호출 서비스, 플라잉카 등에 대한 투자에도 적극적으로 나서며 글로벌 시장 진출의 기반을 마련했다. 2015년에 우버와 비즈니스 모델이 유사한 차량호출 기업 차오차오^{曹操}에 전략적으로 투자한 것이나 2017년에 말레이시아 자동차 제조사인 프로톤의 지분 49.9%를 인수한 것도 이러한 맥락에서였다. 뿐만 아니라 지리자동차는 영국 고급차 브랜드인 로터스의 지분 51%를 인수하고 미국 플라잉카 개발사인 테라퓨지아Terrafugia도 사들이는 등 중국 자동차 굴기의 선봉장 역할을 하고 있다. 단적인 예로 2017년의 경우 중국 기업의 1억 달러 이상 자동차 관련 해외투자가 총 9건, 액수로는 90억 달러 규모였는데, 이 중 지리자동차가 건수로는 4건, 금액으로는 절반 이상을 차지했다.

지리자동차의 변신은 중국 자동차 산업에서 진행되고 있는 변화

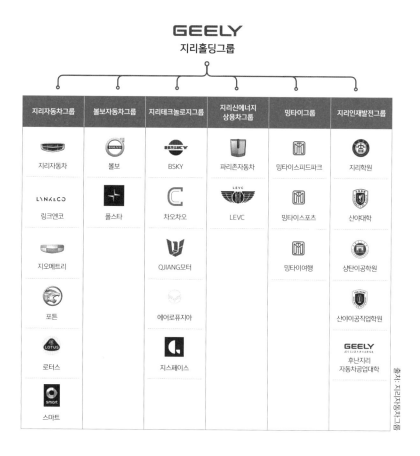

출처: 지리자동차그룹

를 상징적으로 보여준다. 앞 장에서 언급했듯이 개혁개방 이후 글로벌 자동차 업체들과의 합작을 통해 자동차 산업을 육성하고자 했던 중국 정부의 시도는 번번이 좌절되었다. 중국 자동차 산업의 발전은 더뎠고, 로컬 업체들의 신차 개발능력과 디자인 수준도 글로벌 기업들에 비해 크게 뒤떨어졌다. 그런데 2010년대 이후로 극적인 변화가 나타났다. 지난 20년간 진행된 투자와 기술 개발의 양적인 축적이 질적인 도약으로 전환되며 괄목할 만한 성과로 이어진 것이다. 때마침 불어온 SUV 열풍에 로컬 업체들이 발 빠르게 대응한 것도 중국 자동차 산업의 도약에 크게 기여했다. 현대차·기아가 중국 시장에서 상당히 고전하는 것 역시 독일과 일본, 미국 업체들의 브랜드 파워와 기술력을 넘어서지 못한 상태에서 부쩍 실력을 키운 로컬 업체들의 공세에 제대로 대처하지 못했기 때문이다. 한 걸음 더 나아가 중국 자동차 업체들은 이제 글로벌 시장으로 눈을 돌리고 있다. 중국의 스마트폰, 전자상거래, 통신·가전 업체들이 내수시장을 장악한 다음에 글로벌 시장으로 뻗어 나갔던 것과 같은 패턴이다. 내수시장에서 글로벌 업체들과 합작을 통해 얻은 기술력과 생산 노하우를 바탕으로 이제는 글로벌 시장을 공략하고 있는 것이다.

지리자동차의 글로벌 M&A는 독일의 명차 브랜드 메르세데스-벤츠의 모기업인 다임러에 대한 투자로 화룡점정을 찍었다. 2018년에 다임러의 지분 9.69%를 90억 달러에 매입하면서 기존 최대주주였던 쿠웨이트 정부펀드(6.8%)를 제치고 최대주주가 된 것이다. 지리자동차는 다임러의 지분을 인수함으로써 테슬라와 구글, 우버 등에 대항해 미래 자동차의 양대 축인 전기차와 자율주행차 개발에 적극적으로 나설 것이라고 밝혔다. 사실 리수푸 회장은 그동안 수차례 다임러에 지분투자와 기술공유 협정 체결 의사를 타진한 바 있다. 하지만 다임러 측은 이미 중국에서 베이징자동차, 비야디 등과 제휴 관계에 있다며 지분 인수를 거부했다. 대신 주식시장에서 주식 취득은 거부하지 않겠다고 밝혔는데, 이에 지리자동차는 전략적 제휴나 M&A를 하지 않고 공개매수 방식으로 주식시장에서 지분을 매집했고, 이를 통해 메르세데스-벤츠와 다임러트럭, 다임러버스 등을 산하에 둔 다임러를 손에 넣을 수 있게 되었다.

주목해야 할 점은 이 같은 지리자동차의 과감한 행보 뒤에는 중국 정부의 적극적인 지원이 있었다는 것이다. 단적인 예로 지리자동차의 다임러 지분매입액은 90억 달러인데, 이는 지리자동차의 다임러 인수 직전 6년간 순이익을 합친 것보다 많은 금액이다. 2017년부터 달러 유출을 우려해 해외투자에 대한 규제를 강화해왔던 중국 정부의 지원이 없었다면 이뤄지기 어려운 거래였던 것이다. 지리자동차는 다임러 지분을 인수한 이후로 더욱 구체적인 행보에 나섰다. 2020년 1월 전기차 및 자율주행차 개발을 위해 다임러와 자본금 54억 위안(한화 약 9,700억 원) 규모의 합작사 '스마트Smart'를 설립한 것이다. 지리자동차와 다임러가 50 대 50의 비율로 출자한 이 합작사를 통해 메르세데스-벤츠에서 설계한 모델을 중국 공장에서 생산하고, 독일과 중국에 영업법인을 설립하는 등 글로벌 시장을 타깃으로 한 양사 간의 협력이 한층 강화되고 있다.

최근 들어 지리자동차의 투자와 협력은 전방위적으로 확대되고 있다. 우선 미래차 전략의 핵심인 전기차 전용 플랫폼 'SEA'를 빼놓을 수 없다. 여전히 상당수의 완성차 업체들은 기존 내연기관차 플랫폼을 일부 변형해 전기차를 생산하고 있지만, 전기차 브랜드를 본격적으로 키우기 위해서는 전기차 전용 플랫폼 개발이 필수적이다. 전기차 전용 플랫폼을 사용하면 내연기관차에 필요했던 엔진룸이 사라지고 모듈화된 부품과 배터리를 차체 아랫부분에 배치해 공간 활용도를 향상시킬 수 있게 된다. 그리고 이렇게 확보된 공간에 배터리 셀을 더 많이 넣어 주행거리를 늘릴 수 있고, 디자인 자유도가 크게 높아져 목적기반차량처럼 용도에 따라 차체의 구성을 다르게 할 수도 있다. 뿐만 아니라 대량 생산을 통한 규모의 경제 달성이 용이하고 다른 업체와 플랫폼을 공유해 수익을 내는 전략도 적극적으로 활용할 수 있다. 이런 점에서 지리자동차가 4년여에 걸쳐 180억 위안(한화 약 3조 2,000억 원)을 투자해 중국 완성차 업체들 가운데 선제적으로 전기차 전용 플랫폼 개발에 성공했다는 점은 상당히 큰 강점이라고 할 수 있다. 참고로 지리자동차의 전기차 전용 플랫폼 SEA는 전기차 구동 부품을 모듈화한 스케이트보드 방식으로 차체 크기에 따라 배터리 탑재 용량과 전기모터 출력 등을 변경할 수 있어 소형 세그먼트부터 중대형 세그먼트까지 다양한 차종에 적용이 가능하다.

2021년 4월 지리자동차는 상하이모터쇼에서 산하 프리미엄 전기차 브랜드인 지커Zeekr의 '지커 001' 모델을 공개했는데, 이는 SEA 기반으로 생산되는 첫 번째 전기차로 2023년까지 SUV, MPV, 세단 등 5개 모델을 추가로 출시할 예정이다. 듀얼 모터를 장착한 지커 001은 정지 상태에서 시속 100km에 도달하는 시간인 제로백이 3.8초에 불과하고 완전 충전 시 주행가능 거리는 606km(NEDC 기준)에 이른다.

지리자동차는 Z세대를 공략해 전 세계적인 성공을 거둔 앱인 틱톡을 거울삼아 지커 브랜드를 출범했는데, 이를 반영해 'Zeekr'라는 브랜드명도 디지털 네이티브인 Z세대의 'Z'와 기술에 정통한 사람을 의미하는 'Geek'을 조합해 만들었다. 이처럼 지커는 브랜드명에서부터 온라인 위주의 판매 방식, 마케팅에 이르기까지 Z세대 소비자의 특성에 맞춰 차별화하고 있으며, SEA 플랫폼 위에서 Z세대 소비자가 자신의 욕구에 맞게 차량을 만들 수 있게 하고, 차량 생명주기 동안 무선 업데이트를 통해 소프트웨어 업데이트도 제공한다. 이를 기반으로 중국에서 존재감을 키운 뒤 유럽과 북미로 시장을 확대하겠다는 구상이다.

지리자동차는 링크앤코와 지커 이외에도 볼보, 폴스타, 로스터, 지오메트리Geometry 등 다양한 전기차 브랜드를 보유하고 있는데, 이들

지리자동차의 전기차 전용 플랫폼 SEA. 전기차 구동 부품을 모듈화한 스케이트보드 방식으로 차체 크기에 따라 배터리 탑재 용량과 전기모터 출력 등을 변경할 수 있어 소형 세그먼트부터 중대형 세그먼트까지 다양한 차종에 적용이 가능하다.

에게도 SEA 플랫폼을 확대 적용할 예정이다. 특히 폴스타는 글로벌 전기차 업계 선두인 테슬라에 대항하기 위한 지리홀딩그룹의 프리미엄 차 전략 브랜드로, 지리자동차가 2015년에 볼보를 통해 인수한 후 2017년에 독자적인 전기차 전용 브랜드로 분리되었다. 설계는 본사가 위치한 스웨덴, 생산과 조립은 중국에서 이뤄지고 있으며, 현재 유럽과 북미, 중국 등 18개 국가에서 인기를 얻고 있어 지리자동차의 글로벌 시장 공략의 선봉장 역할을 하고 있다. 또한 2019년에는 하이브리드 전기차인 '폴스타 1'을 필두로 2020년에 순수 전기차인 '폴스타 2'를 출시했으며, 조만간 SUV 모델인 '폴스타 3'도 출시할 예정이다. 폴스타는 코로나19 팬데믹에도 불구하고 세련된 디자인과 안정성을 앞세워 판매량이 목표치를 크게 상회했으며, 라인업을 확대하고 연간 10만 대 이상으로 생산량을 늘리기 위해 중국 공장 증설에 나서고 있다. 이를 위한 투자금 확보 목적으로 지리홀딩그룹은 기업인수목적회사Special Purpose Acquisition Company, SPAC를 통한 폴스타의 나스닥 상장도 추진하고 있다.

지리자동차의 발전 방향은

이처럼 지리자동차는 브랜드 파워와 전기차 전용 플랫폼을 갖추면서 현재 중국에서 진행되는 완성차 업체와 IT 업체 간 합종연횡의 중심축이 되고 있다. 중국 최대 자율주행 플랫폼인 아폴로를 개발한 바이두가 지리자동차와 합작해 '지두자동차'를 설립한 것이 대표적이다.

바이두와 지리자동차의 지분 비율은 55% 대 45%로, 바이두는 자율주행과 고화질 지도, 클라우드 등의 소프트웨어를 지원하고 지리자동차는 SEA를 포함한 하드웨어 생산을 담당한다. 플랫폼 기업의 영향력이 막강한 중국에서 이 같은 움직임은 현재 확산되고 있는 새로운 형태의 파트너십 모델로 중국 모빌리티 산업에 지각변동을 일으키고 있다. 양사는 지두자동차의 미래차 개발과 생산을 위해 2025년까지 500억 위안(한화 약 9조 원)을 투자할 예정이며, 첫 자율주행 전기차 모델 출시 후 1년에서 1년 6개월 간격으로 신규 모델을 지속해서 출시하고 기존 딜러 대신 온라인을 통해 판매에 나설 계획이다.

뿐만 아니라 지리자동차는 중국 최대 SNS 및 게임 업체인 텐센트와도 자율주행과 차량공유 기능을 갖춘 스마트카를 공동 개발하고 있다. 텐센트는 인공지능과 클라우드를 활용한 자율주행 기술을 개발해왔고 게임, 멀티미디어 등 인포테인먼트 부문에서 높은 경쟁력을 갖고 있으며, 중국판 테슬라의 선두주자로 꼽히는 니오의 2대 주주이기도 하다. 또한 지리홀딩그룹의 자회사인 볼보는 구글의 모회사 알파벳의 자율주행 부문인 웨이모와 전략적 파트너십을 체결했다. 볼보가 차체의 설계 및 생산을 담당하고 웨이모가 자율주행, 카메라, 라이다 등을 지원해 레벨4 수준의 자율주행 차량을 개발한다는 구상이다. 이와 함께 지리자동차는 아이폰 위탁생산 업체로 잘 알려진 폭스콘과도 지분 50 대 50의 합작사를 설립했다. 글로벌 스마트폰 판매가 둔화하면서 모빌리티라는 새로운 성장동력을 찾으려는 폭스콘과 빠르게 전장화되는 자동차 산업의 트렌드를 선도하고자 하는 지리자동차의 이해관계가 맞아떨어진 것이다. 양사는 합작사를 통해 완성차 및 부품,

지능형 제어 시스템 등의 R&D를 진행하고 이를 기반으로 자동차 위탁생산, 맞춤형 컨설팅 서비스 등의 사업을 전개할 예정이다.

지리자동차는 자율주행 전기차의 핵심 부품인 배터리 확보를 위해서도 다각적인 노력을 펼치고 있다. 전기차 시장 점유율을 높이고 비용 경쟁력을 갖추기 위해서는 전기차 전용 플랫폼을 개발하는 것만큼이나 안정적인 배터리 공급망을 구축하는 것이 중요하기 때문이다. 실제로 지리자동차는 2019년에 글로벌 1, 2위 배터리 회사인 CATL, LG에너지솔루션과 각각 합작회사를 설립한 데 이어서 2020년 말에는 중국 5위권의 배터리 업체인 파라시스Farasis와 합작회사를 설립했다. 리튬이온 배터리에 주력하는 이 합작사는 2021년 말까지 20GWh 규모의 생산라인을 가동하고 향후 120GWh로 생산능력을 늘릴 계획이다. 여기에 더해 지리자동차는 중국 장시성에 300억 위안(한화 약 5조 4,000억 원)을 투자해 42GWh 규모의 생산능력을 갖춘 배터리 공장을 설립하기로 했다.

지리자동차의 야심은 지상을 달리는 자동차에 국한되지 않는다. 하늘을 이용한 이동수단까지 아우르는 진정한 모빌리티 기업이 되기 위해 도심항공 모빌리티와 위성통신 부문으로도 사업 영역을 확장하고 있다. 도심항공 모빌리티는 수직 이착륙이 가능한 비행체를 활용해 도심 내 이동 효율성을 극대화한 차세대 모빌리티 서비스다. 지리홀딩그룹의 자회사인 지리테크놀로지그룹은 독일의 플라잉카 제조사인 볼로콥터Volocopter와 합작회사를 세우고, 에어택시 사업에 뛰어들었다. 지리자동차가 추진하고 있는 도심항공 모빌리티 사업에 대해서는 11장에서 자세히 다루도록 하겠다.

또한 지리홀딩그룹은 자율주행차 운행을 위한 저궤도 인공위성 네트워크 구축에도 박차를 가하고 있다. 2018년에 인공위성 개발과 운영을 위해 '지스페이스Geespace'라는 자회사를 설립했으며, 2021년부터는 인공위성 제조공장을 본격적으로 가동해 2025년까지 매년 500개의 인공위성을 생산할 계획이다. 이러한 움직임은 우주 기업 스페이스X를 통해 전 지구적인 초고속 인터넷 네트워크를 구축하고 이를 자율주행차에 접목하려는 테슬라 CEO 일론 머스크의 구상과 궤를 같이하는 것으로, 중국을 넘어서 글로벌 모빌리티 회사로 발돋움하려는 지리자동차의 비전을 확인할 수 있는 대목이다.

혁신 스타트업,
모빌리티 레볼루션을 이끌다

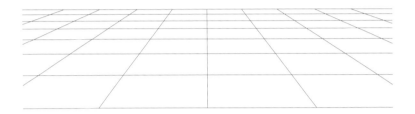

중국의 자율주행 굴기

중국의 자율주행 굴기崛起가 거세다. 모빌리티 강국으로 거듭나려는
중국 정부의 과감한 지원과 미래차 레이스에서 승자가 되려는 기업들
의 공격적인 투자가 시너지 효과를 낸 결과다. 중국 정부는 자율주행
산업을 경제개발 로드맵에 명시하고 이를 위한 재정지원과 인프라 구
축에 힘을 쏟고 있다. 지방정부도 이에 뒤질세라 관련 정책을 수립하
는 한편 자율주행 시범지구를 건설하는 등 자율주행차 상용화에 적극
적으로 나서고 있다. 2018년에 베이징시가 자율주행 테스트 허가를

내준 이후 26개 도시에서 70개 이상의 기업이 자율주행 테스트 허가를 받았다. 그리고 이 같은 환경 속에서 중국 자율주행 스타트업들의 약진이 두드러지고 있다. 이들은 뛰어난 인재와 높은 기술력을 바탕으로 글로벌 수준의 경쟁력을 확보하고 있으며, 이를 토대로 대규모 자금 유치에 성공하며 사업 영역을 빠르게 확대하고 있다. 이번 장에서는 중국의 대표적인 자율주행 스타트업인 포니닷에이아이, 오토엑스, 위라이드에 대해 살펴보겠다.

중국 NO.1 자율주행 스타트업, 포니닷에이아이

포니닷에이아이는 2016년에 펑쥔彭軍과 로우티엔청樓天城이 공동 설립한 중국의 자율주행 스타트업이다. 미국 실리콘밸리와 중국 광저우에 공동 본사를 두고 있으며, 양국을 거점으로 모빌리티 혁신을 선도하는 기업으로 발돋움하고 있다. 포니닷에이아이는 설립된 지 반 년 만에 자율주행 테스트 차량을 독자적으로 개발해 미국 캘리포니아에서 자율주행 운행에 성공했는데, 이는 구글의 웨이모는 물론이고 스탠퍼드대 AI 연구소 출신이 설립해 애플에 인수된 드라이브닷에이아이 Drive.ai 보다도 짧은 기간에 이룩한 성과였다. 2018년에는 베이징에서 T3 등급*의 자율주행 테스트 면허를 획득했으며, 이후 광저우, 베이

---

* T3 등급은 중국 정부가 분류한 자율주행 기술 등급 중 하나로 자율주행차가 교통법규를 준수하며 노선을 주행할 수 있고 돌발상황에 대한 종합적인 대응이 가능한 수준을 의미한다.

포니닷에이아이는 베이징에서 자율주행 테스트 면허를 획득한 이후 광저우, 베이징, 어바인, 프리몬트 등 중국과 미국의 주요 도시에서 로보택시 시범 서비스 허가를 받았다.

징, 어바인, 프리몬트 등 중국과 미국의 주요 도시에서 로보택시 시범 서비스 허가를 받았다. 이에 포니닷에이아이는 중국과 미국 양국에서 로보택시 서비스를 출시한 최초의 회사가 되었다. 또한 창업 이후 도요타의 투자금 4억 달러를 포함해 총 11억 달러의 자금을 유치하며 기업가치가 53억 달러(한화 약 5조 9,000억 원)로 치솟았는데, 이에 따라 포니닷에이아이는 중국 자율주행 스타트업 중에서 가장 몸값이 비싼 유니콘(기업가치가 10억 달러 이상인 비상장 기업)이 되었다.

포니닷에이아이가 이처럼 빠르게 성장할 수 있었던 것은 자율주행 기술 경쟁력의 핵심인 인재 확보에 성공했기 때문이다. 전 세계 자율주행 기업에서 핵심 업무를 담당했던 기술자들이 모여 각자의 전문성과 노하우를 활용해 짧은 시간 내에 글로벌 수준의 자율주행 기술을 개발해낸 것이다. CEO인 펑쥔만 해도 바이두에서 자율주행 기술 개발과 전략을 이끈 임원 출신이고, CTO(최고기술경영자)이자 교주敎主로 불리는 로우티엔청은 구글 엔지니어 출신으로 포니닷에이아이의 R&D와 신사업 발굴을 책임지고 있다. 이 밖에 세계적인 컴퓨터 사이언티스트인 수석고문 야오치즈姚期智, 로우티엔청과 어깨를 나란히 할 정도의 실력자로 알려진 루사오스魯小石 등 500명이 넘는 인재들이 자율주행 기술 개발에 전력하고 있다. 포니닷에이아이가 광저우뿐만 아니라 실리콘밸리에 본사를 두고 있는 것도 세계 최고 수준의 창의적인 인재들과 첨단 인프라의 강점을 극대화하기 위해서다.

IT 기업과 자동차 업체의 협업이 활발한 중국의 비즈니스 환경도 포니닷에이아이가 고속 성장할 수 있었던 요인이다. 한국과 일본처럼 자동차 산업이 성숙기에 접어든 국가는 이미 대형 완성차 업체를 중심으로 수직적이고 폐쇄적인 공급망이 갖춰져 있다. 즉, 신생 스타트업이 아무리 기술력이 뛰어나도 기존 자동차 밸류체인에 편입되기 어려운 구조다. 하지만 후발주자인 중국은 대형 완성차 업체들의 시장 장악력이 약하고 점유율 확대를 위한 경쟁이 워낙 치열하기 때문에 기술력만 있다면 누구와도 손잡고 혁신을 주도할 수 있다. 실제로 포니닷에이아이는 중국의 제일자동차그룹과 함께 완성차 플랫폼에 레벨4 수준의 자율주행 기술을 결합한 자율주행차 개발 및 양산을 진행하고 있으며, 광저우자동차그룹, 도요타 등과도 자율주행 기술 개발 및 사업 추진을 위해 긴밀한 협력관계를 맺고 있다.

포니닷에이아이는 소형 세단에서 대형 트럭까지 모든 차종에 자율주행 시스템을 도입하고 차량공유와 화물 운송 등 다양한 서비스를 제공하는 것을 목표로 하고 있다. 이를 위해 2019년 미국 캘리포니아에서 자율주행 기반 차량공유 서비스인 '봇라이드^{BotRide}'를 실시했는데, 이는 현대차의 코나^{Kona} 전기차에 포니닷에이아이의 자율주행 기술과 비아^{Via}의 차량공유 플랫폼을 탑재해 공공도로에서 일반인을 태워 나르는 서비스였다. 이후 포니닷에이아이는 한층 업그레이드된 차량공유 서비스인 포니파일럿^{PonyPilot}을 출시했는데, 이를 활용하면 상업시설과 주거지역을 포함해 50km² 범위 내에서 이용자가 애플리케이션으로 자율주행차를 호출하고 원하는 곳으로 이동할 수 있다. 이와 함께 코로나19 팬데믹으로 큰 타격을 입은 프리몬트시의 취약계층에 약 1년간 식자재 키트 배달지원을 하고, 전자상거래 업체인 야미바이^{Yamibuy}와 제휴해 라스트 마일 배달 서비스를 제공하기도 했다.

이 같은 자율주행 테스트를 통해 포니닷에이아이는 이미 500만 km가 넘는 주행 데이터를 축적했다. 주목할 만한 점은 포니닷에이아이가 다양한 지역의 상이한 특징과 교통문화를 데이터화해 최적화된 자율주행 시스템을 개발했다는 것이다. 단적인 예로 도로가 넓고 상대적으로 돌발 상황이 적은 미국과 달리 중국의 경우에는 도로 상황이 좋지 않고 무단횡단 등 교통법규를 위반하는 보행자도 많다. 도로에는 자동차뿐만 아니라 자전거, 스쿠터, 트럭 등이 뒤엉켜 있으며, 차선 변경도 훨씬 빈번하게 이뤄진다. 게다가 동북부 공업 지대에 위치한 베이징에서는 스모그가 자주 발생하고, 남부에 위치한 광저우에서는 비가 많이 오는 등 기후와 주행환경이 지역에 따라 제각각이다. 이러한 변수에 대응하기 위해 포니닷에이아이는 2019년 말에 4세대 자율주행 시스템인 '포니알파2.0$^{PonyAlpha\ 2.0}$'을 출시했다. 포니알파2.0은 주변 200m 범위의 시야를 확보해 스모그와 폭우, 복잡한 교통상황에서도 최적의 자율주행 성능을 구현할 수 있다.

대부분의 자율주행 스타트업이 소프트웨어를 개발해 완성차 업체나 차량공유 플랫폼에 이를 제공하는 것과 달리, 포니닷에이아이는 소프트웨어뿐만 아니라 하드웨어 부문에 대한 기술 개발도 강화하고 있다. 자율주행 기술이 한 단계 도약하려면 기존의 자동차 업체들이 사용하던 기성 부품이 아니라 자율주행 소프트웨어에 최적화된 맞춤형 부품이 필요하다는 점을 인식했기 때문이다. 앞서 언급한 '포니알파2.0'이 뛰어난 성능을 낼 수 있는 것도 자체 자율주행 운영 플랫폼인 포니브레인PonyBrain과 라이다, 밀리미터파 레이더, 카메라 등의 하드웨어 센서를 유기적으로 통합한 결과다. 포니닷에이아이가 라이다 전문업체인 루미나와 함께 자율주행 시스템을 개발하고 상하이에 완성차 팀을 꾸려서 승용차 제조 계획 수립에 나선 것도 이 같은 전략의 연장선상에 있다.

그리고 이러한 기술력을 바탕으로 포니닷에이아이는 로보택시 서비스 확장에 적극적으로 나서고 있다. 2021년 4월에 베이징에서 자율주행 테스트 면허를 획득한 포니닷에이아이는 현재 베이징의 150km² 규모의 경제기술개발구经济技术开发区에서 150개 역을 거점으로 로보택시를 운영하고 있다. 또한 이러한 서비스를 상하이, 광저우 등의 다른 지역으로도 확상하고 있으며 콜택시회사, 여행사 등과 협력해 새로운 서비스 개발에도 나서고 있다. 이와 함께 2021년에 캘리포니아에서 무인 자율주행 테스트 허가를 받은 포니닷에이아이는 2022년에 캘리포니아에서 무인 자율주행차를 상용화할 예정이며, 이는 포니닷에이아이가 로컬 자율주행 스타트업을 넘어서 글로벌 혁신 기업으로 도약하는 계기가 될 것으로 예상된다.

자율주행 기술 혁신을 선도하는 오토엑스

오토엑스는 2016년에 컴퓨터 비전 및 로보틱스 전문가인 샤오젠슝肖健雄이 실리콘밸리에 설립한 자율주행 스타트업으로 자율주행의 민주화Democratizing Autonomy, 즉 모든 사람이 쉽고 안전하게 자율주행차를 이용할 수 있게 한다는 모토를 가지고 있는 회사다. 미국 MIT 공대에서 박사 학위를 받은 샤오젠슝은 프린스턴대학에서 조교수로 일하면서 '프로페서 엑스Professor X'라는 별명을 갖고 있었는데, 오토엑스라는 회사명은 이 별명에서 따온 것이다. 오토엑스는 현재 선전, 실리콘밸리를 비롯해 8곳의 글로벌 거점과 5개 R&D 센터를 확보하고 있으며, 미국과 중국은 물론이고 향후 자율주행차 잠재수요가 풍부한 아시아 지역을 공략하기 위해 다각적인 노력을 기울이고 있다. 2019년에는 시리즈A 투자에서 중국 최대 전자상거래 업체인 알리바바와 중국 최대 자동차 제조업체인 둥펑자동차 등으로부터 1억 달러의 투자금을 유치했다. 특히 알리바바는 자금 제공과 함께 전자상거래를 통해 축적한 물류 및 모빌리티 데이터를 공유함으로써 오토엑스의 자율주행 기술 발전과 사업 영역 확대에 크게 기여하고 있다. 전자상거래, O2O, 핀테크 부문의 스타트업이 플랫폼 거인의 어깨 위에 올라타서 고속성장한 사례가 모빌리티 부문에서도 재현되는 것이다.

오토엑스는 설립된 지 얼마 되지 않은 신생 스타트업이지만, 기술력은 업계 최고 수준으로 평가받고 있다. 2019년에 출시한 360도 전방위 멀티 센서 융합시스템 '엑스퓨전ˣFusion'과 복잡한 도심 내 자율주행을 가능하게 하는 의사결정 및 모션 플래닝 엔진 '엑스어반ˣUrban' 등이 오토엑스의 기술력을 보여주는 대표적인 사례다. 뿐만 아니라 완전 자율주행인 레벨5를 달성하기 위해 자율주행 운영 시스템과 소프트웨어를 모두 커버하는 풀스택 기술을 개발하는 한편, 차량의 위치를 추적하는 고정밀 맵핑 기술과 차량과 주변 환경을 연결하는 통신 기술, 방대한 주행 데이터를 처리하는 클라우드 컴퓨팅 기술도 개발하고 있다. 또한 2021년 7월에는 5세대 자율주행 시스템인 '젠5ᴳᵉⁿ⁵'를 출시했다. 여기에는 총 50개의 고화질 차량용 센서와 28개의 800만 화소 카메라, 4D 밀리미터파 레이더가 탑재되어 있어 낮과 밤의 영향을 받지 않고 복잡한 도심에서도 원활히 운행할 수 있는 자율주행 기술에 한 걸음 더 다가선 것으로 평가받는다.

2020년 7월 오토엑스는 캘리포니아에서 안전요원 없이 자율주행차를 테스트할 수 있는 허가를 받았다. 이는 구글 웨이모에 이어 두 번째였고, 중국 기업으로서는 최초였다. 이에 더해 중국 본토에서도 오토엑스의 자율주행 테스트가 활발하게 이뤄지고 있다. 오토엑스는 2020년 4월, 상하이에 아시아 최대 규모의 로보택시 운영 센터를 세우고 일반인을 대상으로 로보택시 100대 시범 운행에 돌입했다. 알리바바 산하의 지도 서비스 업체인 가오더디투 앱에서 오토엑스 로보택시를 호출해 이용자가 원하는 목적지까지 타고 가는 방식이다. 이어 같은 해 12월에는 선전에서 안전요원이 탑승하지 않는 로보택시 시

이용자들은 알리바바 산하의 지도 서비스 업체인 가오더디투 앱에서 오토엑스 로보택시를 호출해 원하는 목적지까지 타고 갈 수 있다.

범운행을 시작했고, 2021년에는 무인 로보택시 상용화 서비스를 개시했으며, 향후 자율주행 트럭 상용화에도 나설 계획이다.

이처럼 오토엑스는 높은 기술력을 인정받으면서 다양한 기업들과 협력관계를 맺고 있다. 2019년 중국의 대표 전기차 업체인 비야디와 파일럿 프로그램을 통해 오토엑스의 기술이 적용된 전기차 로보택시 'Qin ProX'를 선보였고, 심천에 위치한 전기차 택시회사 펑청鵬程과 전략적 파트너십을 체결했다. 이듬해에는 중국 전역의 18개 도시에서 16,000대 이상의 택시를 운영하는 레츠고Letzgo와 로보택시 서비스 확장을 위한 전략적 파트너십을 체결했고, 협력사인 피아트 크라이슬러 오토모빌스와 손잡고 중국 및 아시아 시장을 겨냥한 완전 무인 자율주행차 테스트도 시작했다. 오토엑스의 이 같은 행보는 중국 자율주행 업체들의 치열한 경쟁을 촉발시켜 2023년 이후 로보택시의 상용화를 앞당기는 촉매제가 될 것으로 예상된다.

자율주행을 향한 고속질주, 위라이드

2017년 광저우에서 설립된 위라이드는 중국에서 가장 빠르게 성장하고 있는 자율주행 스타트업으로 꼽힌다. 위라이드의 CEO인 토니 한 Tony Han은 일리노이공대에서 박사학위를 받은 컴퓨터 비전, 머신러닝의 전문가로 바이두의 자율주행 수석 엔지니어로 일한 바 있다. 주요 경영진에는 공동 창업자이자 CTO인 얀 리Yan li, 중국 스타트업의 대부이자 전 구글차이나 대표인 리카이푸李開復 등이 있다. 위라이드는 글로벌 본사가 있는 광저우와 R&D 센터가 있는 베이징, 상하이를 비롯해 중국과 미국에 총 8개 지점을 두고 있으며, 이를 바탕으로 중국 및 글로벌 사업 확장에 주력하고 있다. 2019년 6월에 광저우에서 자율주행 테스트 면허를 획득한 위라이드는 2020년 7월에 중국 최초로 완전 무인 자율주행 테스트 허가를 받았다. 다른 자율주행 업체들이 돌발 상황에 대비해 운전자를 태우고 시범운행을 한 것과 달리 위라이드는 5G 원격조정 시스템을 통해 운전자 없이 완전 무인 자율주행 기능을 구현한 것이다. 뿐만 아니라 2021년 2월에는 중국 자율주행 업체로는 처음으로 차량공유 면허를 획득했고, 4월에는 미국 캘리포니아에서 무인 자율주행 테스트 허가를 받았다. 이로써 위라이드는 구글 웨이모, 크루즈, 오토엑스, 바이두 등에 이어서 7번째로 캘리포

中 华 人 民 共 和 国

网络预约出租汽车经营许可证

穗交 440100000269 号

业户名称：广州景骐科技有限公司

经营范围：网络预约出租汽车客运

地　　址：广州市黄埔区（中新广州知识城）亿创街1号406房之
318（仅限办公）

证件有效期：2021年02月08日至 2026年02月08日　　2021年02月08日

중국 자율주행 업체 중 위라이드가 최초로 획득한 차량공유 면허.

니아 무인 자율주행 테스트 허가를 받은 기업이 되었다.

위라이드 자율주행 기술의 정수는 자율주행 기술 플랫폼인 WMP WeRide Master Platform에 있다. WMP의 특징은 크게 네 가지로 정리할 수 있다. 첫째, 센서 통합 솔루션 Sensor Integration Solution으로 위라이드가 자체 개발한 LCS Lidar Camera System를 활용해 차종에 상관없이 맞춤형 모듈을 적용할 수 있다는 것이다. 이것은 큰 장점인데, 자율주행 기능을 새로운 차종에 적용할 때마다 그에 맞는 센서 제품을 따로 제작하는 것이 아니므로 비용을 절감하고 공정 효율성을 제고하는 등 다양한 효과를 거둘 수 있기 때문이다. 둘째, 범용 자율주행 알고리즘인 '위라이드 원 WeRide One'이다. 위라이드 원은 다양한 교통상황 시나리오와 기상 조건에서 자율주행 기능을 지원하며 중국 각 지역과 미국의 8개 도시에서 500만 km 이상을 주행하며 광범위하고 까다로운 검증을 거쳤다. 셋째, 자동 빅데이터 플랫폼Automatic Big Data Platform이다. 자동 빅데이터 플랫폼은 매일 다양한 도시에서 운행하는 자율주행차에서 생성되는 방대한 데이터를 신속하게 처리해 자율주행의 안전성과 신뢰성을 높이는 데 기여하고 있다. 넷째, 안전 시스템으로 센서와 컴퓨팅 유닛, 네트워크 연결 등을 다각도로 체크하고 자동차 제조업체들과 협력해 차량 고장 진단을 위한 체계적인 검증 프로세스를 구축한 것이다.

2018년에 레벨4 수준의 자율주행 시범 사업을 시작한 위라이드는 완성차 업체 및 모빌리티 플랫폼 업체와 협력해 자율주행 기술 개발에 더욱더 속도를 내고 있다. 대표적인 예로 르노·닛산·미쓰비시 얼라이언스Renault·Nissan·Mitsubishi Alliance의 투자를 받아 닛산의 전기차 리프2LEAF2에 자사 자율주행 플랫폼을 적용해 테스트를 진행한 것을 들 수 있다. 2019년에는 바이윈 택시 그룹Baiyun Taxi Group•, SCI 그룹 등과 로보택시 사업을 전담하는 합작투자회사인 '위라이드 로보택시WeRide Robotaxi'를 설립했다. 이후 광저우에서 1년간 로보택시를 운영했는데, 안전사고 없이 60,000명이 넘는 승객에게 147,000회에 이르는 자율주행 서비스를 제공해 화제가 되기도 했다. 또한 2020년 6월부터는 자사의 호출앱인 '위라이드 고WeRide Go'뿐만 아니라 알리바바의 가오더디투 앱에서도 일반인이 위라이드 자율주행차를 호출할 수 있도록 했다. 같은 해 12월에는 중국 최대 버스 제조업체인 위통그룹宇通集团

• 10,000대 이상의 차량을 운영하는 중국 남부 지역의 최대 택시회사.

위라이드는 공격적인 투자와 전략적 파트너십을 통해 로보택시, 미니 로보버스에 이어 자율주행 화물차 시장에도 뛰어들었다.

으로부터 2억 달러의 투자금을 유치했고, 이를 토대로 6~8명이 탈 수 있는 '미니 로보버스Mini Robobus'를 생산하며 자율주행 버스의 대규모 상용화를 눈앞에 두고 있다.

뿐만 아니라 위라이드는 자율주행 화물차 시장에도 뛰어들고 있다. 2021년 9월에 자동차 제조업체인 장링모터스Jiangling Motors, 그리고 택배업체인 ZTO익스프레스ZTO Express와 전략적 파트너십을 맺고 자율주행 화물차 로보반Robovan을 출시한 것이다. 장링모터스의 전기 화물차에 위라이드의 첨단 자율주행 기술을 적용하고, ZTO익스프레스의 물류 네트워크를 활용해 도심 물류 서비스를 제공하겠다는 구상이다. 전자상거래 시장이 급성장하면서 물류비용을 낮추고 배송 편의성을 높이는 것이 갈수록 중요해지는 상황에서 이 같은 조합은 상당한 경쟁력으로 작용할 전망이다. 무엇보다 위라이드가 로보택시와 미니

중국 자율주행 스타트업 특징 비교

	포니닷에이아이 pony.	오토엑스 auto\=	위라이드 WeRide 文通知行
설립연도	2016년	2016년	2017년
창업자	펑쥔, 로우티엔청	샤오젠슝	토니 안, 얀 리
주요 투자자	도요타	알리바바, 둥펑자동차	르노·닛산·미쓰비시 얼라이언스
특징	고도의 자율주행 기술, 풍부한 주행 데이터	고도의 자율주행 기술, 다양한 기업과 협력관계	센서 통합 솔루션, 다변화된 포트폴리오

로보버스에 이어 자율주행 화물차 시장에도 성공적으로 진입한다면 가장 다변화된 사업 포트폴리오를 갖춘 자율주행 스타트업으로 평가받게 될 것이다.

11

지상을 넘어서 하늘을 나는 도심항공 모빌리티

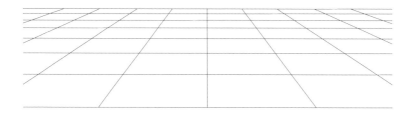

현실로 다가온 플라잉카

공상과학 영화에서나 보았던 하늘을 나는 자동차인 '플라잉카Flying car' 가 현실로 다가오고 있다. 배터리, 소재, 소프트웨어 등 핵심 기술의 발전 덕분에 도심항공 모빌리티UAM가 실현 가능한 차세대 교통수단 으로 부상했기 때문이다. 도심항공 모빌리티는 수직 이착륙이 가능한 개인용 비행체Personal Air Vehicle, PAV를 활용해 도심 내외를 저고도로 운 행하는 모빌리티 솔루션으로, 도심 교통체증 문제를 해소해줄 수 있 는 유력한 방안으로 주목받고 있다. 그간 도로를 가득 메운 자동차로 인해 극심한 교통체증이 유발되고, 그로 인해 막대한 사회·경제적 피해가 발생하고 있다는 것은 아무도 부인할 수 없는 사실이다. 교통량 분석 업체인 인릭스INRIX에 따르면 2018년 한 해 동안 미국 운전자들이 교통체증으로 도로에서 버린 시간이 1인당 평균 97시간이나 되는 것으로 나타났다. 이를 금액으로 환산하면 무려 870억 달러(한화 약 100조 원)에 이르고, 이 과정에서 발생하는 환경오염과 에너지 낭비도 심각한 수준이다. 한편 도시화와 인구과밀로 도심의 지상이 포화상태에 이르면서 지하철 신규 노선을 확충하는 방안이 제시되고 있지만, 이 역시 현실적인 대안이라고 보기는 어렵다. 촘촘하게 매설된 상·하수도관 및 가스관과 부동산 가격의 상승으로 지하철 건설 비용이 급증하고 있기 때문이다. 실제로 '마천루의 도시'로 잘 알려진 뉴욕의 경우 지하철 1마일(1.6km)을 건설하는 데 약 35억 달러(한화 약 4조 원)가 소요되는 것으로 나타났다. 신규 지하철 노선을 10km 늘리는 데에는 무려 24조 원이 넘는 예산이 투입되어야 하는 것이다.

이처럼 심각한 교통체증 현상을 해소하기 위해서는 차량공유와 자율주행을 통해 교통수단을 효율화하는 것도 필요하지만, 2차원 공간인 도로를 벗어나 하늘이라는 3차원 공간을 적극적으로 활용할 필요가 있다. 도심항공 모빌리티가 모빌리티 패러다임을 바꾸는 차세대 이동수단으로 꼽히는 이유다. 도심항공 모빌리티가 가진 장점은 다양하다. 우선 수직 이착륙을 하므로 긴 활주로 없이 최소한의 공간만 있으면 비행이 가능하고 전기동력 방식으로 움직이기 때문에 친환경적이다. 내연기관에 기반을 둔 기존 항공 산업이 탄소배출 규제로 타격을 입는 것과 대조적이다. 또한 복잡하고 구불구불한 지상의 도로 대신 하늘에서 직선으로 이동하므로 이동시간을 크게 줄일 수 있고 에너지 등 비용 절감 효과도 크다. 그리고 차량을 이용한 자율주행의 경우 사람이나 다른 차량을 인식하기 위한 다수의 센서와 고성능 알고리즘이 필요하지만, 도심항공 모빌리티는 장애물이 거의 없는 하늘에서 이동하기 때문에 원격조정 및 자율비행 기술을 적용하기가 훨씬 용이하다. 만약 도심항공 모빌리티 기술이 높은 수준에 도달해 운임 비용이 택시 수준으로 내려가고 적재하중도 늘어나 택배 화물 배송으로 서비스 범위가 넓어진다면 도심항공 모빌리티는 지상 교통을 대체하는 미래 대중교통수단으로 자리 잡을 가능성이 크다. 이와 관련해 글로벌 투자은행인 모건스탠리는 2020년에는 70억 달러였던 글로벌 도심항공 모빌리티 시장 규모가 연평균 30%에 이르는 고성장세를 지속하며 2040년에는 약 1조 4,740억 달러에 이를 것으로 전망했다. 특히 승객 운송, 물류, 배터리 및 자율비행 솔루션 부문이 전체 성장을 이끄는 것으로 나타났다. 이와 함께 글로벌 컨설팅 업체인 삼정 KPMG는 초기에 도심-공항 간 운행에서 시작될 도심항공 모빌리티가 이후에는 도시 통근 및 항공택시를 넘어서 광역권 도시 간 이동수단으로 확장되면서 2050년경에는 글로벌 도심항공 모빌리티 이용객 수가 4억 4,500만 명 수준으로 늘어나리라고 추정한 바 있다.

이처럼 글로벌 도심항공 모빌리티 시장의 높은 성장성이 예상되면서 미국, 유럽 등 주요국들의 관련 투자가 크게 늘고 있다. 2015년부터 본격적으로 증가하기 시작한 도심항공 모빌리티 스타트업에 대한 투자액은 2020년에 글로벌 선두 업체인 조비 에비에이션Joby Aviation과 릴리움Lilium 관련 투자로 11억 달러를 기록했고, 2021년 1분기에

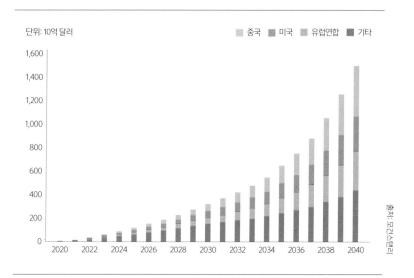

글로벌 도심항공 모빌리티 시장 전망

단위: 10억 달러 　　　　　　　　■ 중국 ■ 미국 ■ 유럽연합 ■ 기타

출처: 모건스탠리

만 2020년 연간 투자액의 3배가 넘는 38억 달러를 기록했다. 또한 도심항공 모빌리티가 새로운 모빌리티 수단이 될 것이라는 기대감이 커지면서 다양한 업종의 기업들이 도심항공 모빌리티 영역에 진출하고 있고, 시장 선점을 위한 경쟁도 한층 치열해지고 있다.

실제로 초기에 혁신 스타트업들을 중심으로 발전해온 도심항공 모빌리티 시장은 이후 보잉Boeing, 에어버스Airbus 등의 항공기 제작 업체들은 물론이고 다임러, 도요타, 현대차 등의 자동차 업체들과 구글, 우버, 텐센트 등 테크 기업들까지 적극적으로 뛰어들면서 급성장하고 있다. 이들은 관련 기업 투자와 공동 개발, 합작기업 설립 등의 형태로 도심항공 모빌리티 시장에 진출하고 있다. 대표적인 예로 도요타와 우버가 조비 에비에이션에 지분투자를 했고, 스텔란티스와 텐센트가 각각 아처와 릴리움에 투자한 것을 들 수 있다. 특히 최근 들어서는 자동차 업체들의 움직임이 활발하다. GM은 2021년에 열린 CES(세계가전전시회)에서 수직 이착륙 비행체인 'VTOL'을 공개하며 2030년까지 에어택시를 상용화할 계획을 밝혔고, 현대차그룹도 도심항공 모빌리티 부문의 비중을 전체 사업의 30%까지 키운다는 목표 아래 R&D 투자 확대와 인재 영입에 박차를 가하고 있다. 이처럼 자동차 업체가 도심항공 모빌리티 시장에 뛰어드는 것은 전기차와 도심항공 모빌리티의 기반 기술(모터, 배터리 등)이 동일한 데다 다른 업종에 비해 대량 생산에 특화된 경쟁력을 갖추고 있어서 모빌리티 패러다임 전환기에 주도권을 확보할 수 있다는 자신감에 따른 것이다.

글로벌 최대 도심항공 모빌리티 시장으로 부상하는 중국

중국도 차세대 이동수단인 도심항공 모빌리티의 중요성을 인식하고 관련 산업 육성에 속도를 내고 있다. 특히 혁신 기업과 지방정부가 손을 잡고 광범위한 테스트를 진행하고 있으며, 전자상거래와 물류, 관광산업 등과 연계한 상업화에도 적극적으로 나서고 있다. 앞서 언급한 모건스탠리 자료에서 2040년 중국의 도심항공 모빌리티 시장 규모가 글로벌 도심항공 모빌리티 시장의 30%에 해당하는 4,310억 달러에 이를 것으로 전망한 것도 이러한 배경에서다.

 잘 알려진 것처럼 중국은 급격한 도시화로 전 세계에서 가장 심각한 교통체증 문제를 겪고 있는 나라 중 하나다. 그도 그럴 것이, 인구

1,000만 명이 넘는 도시를 6개(상하이, 베이징, 충칭, 광저우, 선전, 톈진)나 보유하고 있고, 인구 500만 명이 넘는 도시도 15개에 이른다. 이 같은 대도시에서 극심한 도로정체와 환경오염이 발생하고 있으며, 그에 따른 사회·경제적 손실도 갈수록 커지고 있다. 더욱이 부동산 가격이 천정부지로 치솟으면서 1, 2선 대도시의 지하철 공사비 부담이 많이 늘어났다. 더는 지하철이 도심 교통체증 해소를 위한 최선의 선택지가 아니게 된 것이다. 그런데 이를 뒤집어 보면, 중국에서 3차원 공간을 활용하는 도심항공 모빌리티에 대한 잠재수요가 그만큼 풍부하다는 것을 의미한다. 도시의 지상과 지하 공간이 포화상태에 이르면서 자동차나 지하철이 아닌 또 다른 교통수단이 필요해졌기 때문이다. 삼정KPMG가 2050년에 도심항공 모빌리티 이용객 수가 가장 많을 것으로 예상되는 글로벌 도시 11개를 선정하면서 이 가운데 5개를 중국 도시로 지목한 것도 이러한 맥락에서다.

중국의 도심항공 모빌리티 경쟁력은 기체 제작 분야에서도 부각된다. 세계의 공장이라는 타이틀에 걸맞게 탄탄한 제조업 인프라를 바탕으로 드론을 저비용으로 양산할 수 있는 시스템을 구축하고 있기 때문이다. 중국은 일찍이 최첨단 기능이 장착된 군수용 드론 대신 대량 생산으로 가격 경쟁력 확보가 용이한 상업용 드론 시장에 진출해 이미 확고한 경쟁력을 갖추고 있다. 대표적인 예로 중국의 최대 드론 업체인 DJI는 높은 퀄리티와 기능성을 갖추면서도 동일 사양의 해외 제품에 비해 훨씬 저렴한 드론을 생산하고 있다. 뿐만 아니라 DJI가 내놓은 'X' 자 형태의 프레임에 4개의 프로펠러가 들어간 쿼드콥터 Quadcopter 구조는 드론의 표준으로 자리 잡았으며, DJI는 이를 기반으

도시별 도심항공 모빌리티 이용객 수 전망

단위: 만 명

도시(국가)	2030년	2040년	2050년
도쿄(일본)	110	750	2,460
상하이(중국)	100	720	2,430
뉴욕(미국)	70	470	1,570
베이징(중국)	70	490	1,640
서울(한국)	70	470	1,550
로스앤젤레스(미국)	60	450	1,520
오사카(일본)	50	360	1,160
광저우(중국)	50	320	1,080
톈진(중국)	50	320	1,060
멕시코시티(멕시코)	40	300	1,000
선전(중국)	40	290	980

출처: 삼정KPMG

로 핵심 부품에서부터 R&D, 소프트웨어에 이르는 밸류체인의 수직 계열화를 구축해 글로벌 드론 시장을 장악했다. DJI의 본사를 비롯해 중국의 상당수 드론 업체들이 하드웨어의 실리콘밸리로 불리는 선전에 위치한 것도 우연이 아니다. GPS, 배터리, 가속도계, 각종 센서 등 스마트폰의 핵심 기술 대부분이 드론에도 적용되기 때문에, 중국 스마트폰의 생산거점인 선전에 드론 관련 핵심 부품 회사들이 자리 잡고 있는 것이다. 더욱이 선전이 창업 열기가 매우 뜨겁고 우수한 인재와 벤처 자금이 몰려들어 뛰어난 스타트업들이 성장하기에 유리한 도시라는 점도 플러스 요인으로 작용하고 있다.

중국 도심항공 모빌리티 비즈니스 대표주자

중국에서 가장 적극적으로 도심항공 모빌리티 사업을 추진하고 있는 기업은 이항EHang이다. 이항은 CEO인 후화즈胡华智가 2014년 광저우에서 설립한 항공 모빌리티 플랫폼 기업으로 자율항공기Autonomous Aerial Vehicle, AAV 기술을 적용한 도심항공 모빌리티 상업화에 성공하며 2019년 12월 미국 나스닥에 상장했다. 2020년에는 중국 민용항공국民用航空局으로부터 최초로 드론택시 시범업체로 선정되기도 했다. 무엇보다 이항이 2016년 CES에서 세계 최초로 1인승 전기 수직이착륙기electric Vertical Take-Off and Landing, eVTOL인 'Ehang184'를 공개하면서 이전까지 막연한 미래 교통수단으로 여겨졌던 도심항공 모빌리티가 단숨에 대중의 주목을 받게 되었다. DJI가 소형 드론 분야에서 글로벌 경쟁력을 보여줬다면, 이항은 승객을 태우는 도심항공 모빌리티 분야에서도 중국이 앞서갈 수 있음을 보여준 것이다. 뿐만 아니라 이항은 이후 승객 2명과 화물을 함께 실을 수 있는 'EHang216'을 출시하면서 제품 포트폴리오와 서비스 다각화에도 나서고 있다. 기존 모델인 'EHang184'보다 스펙이 크게 향상된 'Ehang216'은 16개의 프로펠러가 달려 있으며 최대 220kg의 화물을 싣고 최대 시속 130km로 비행할 수 있다.

이 같은 움직임에 힘입어 이항의 매출액은 2017년 3,170만 위안(한화 약 57억 원)에서 2020년 1억 8,000만 위안(한화 약 324억 원)으로 증가했다. 특히 이항은 도심항공 모빌리티 기술특허 면에서 두드러진 경쟁력을 보이고 있다. 다음 그래프에서 알 수 있듯이 도심항공 모빌리티 기술특허 부문에서 143개의 기술특허 보유로 키티호크, 보잉, 현대차 등을 제치고 1위를 기록하고 있고, 도심항공 모빌리티 기술특허 자산 지수Patent Asset Index 순위에서도 상위권을 차지하고 있다.

이항은 도심항공 모빌리티 기체 생산뿐만 아니라 드론택시, 물류, 소방, 의료 운송 등 다양한 모빌리티 서비스를 제공하고 있다. 그리고 이를 위해 중국은 물론이고 미국, 캐나다, 오스트리아, 네덜란드, 카타르 등 8개국 40개 도시에서 도심항공 모빌리티 시험 비행을 실시하고 있다. 구체적으로 이항은 2020년에 국제민간항공기구International Civil Aviation Organization, ICAO가 지원하는 응급의료용 플라잉카 개발 프로젝트인 앰뷸라Ambular에도 참여했으며, 홍콩 거래소 상장 기업인 그린란드 홍콩绿地香港과 협력해 광동성 등에서 항공 관광 서비스를 준비하고 있다. 참고로 서울 여의도에서도 2020년 11월에 'Ehang216'을 활용한 드론택시 시연을 보인 바 있다. 또한 2021년에는 징동닷컴, ZTO 익스프레스와 손잡고 무인 자율비행체를 활용한 물류 서비스를 추진한 데 이어서, 이탈리아 건축회사 GZDG와 파트너십을 구축해 이탈리아에 친환경 수직 이착륙 터미널인 버티포트Vertiport•를 건설하고 도심항

• 버티포트는 30m 높이의 타워 형태로 레스토랑과 카페 등의 편의시설이 마련되어 있고, 하루 평균 300KW의 전력을 생산할 수 있는 태양광 패널이 설치되어 있다.

도심항공 모빌리티 기술특허 현황(2000~2020년 기간 특허를 대상)

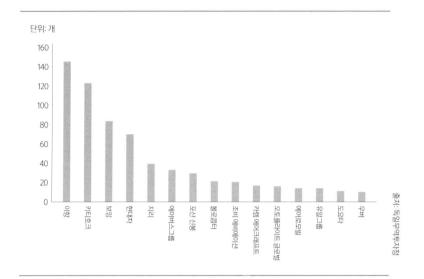

단위: 개

출처: 특허청외특허청

도심항공 모빌리티 기술특허 자산 지수 순위(2000~2020년 기간 특허를 대상)

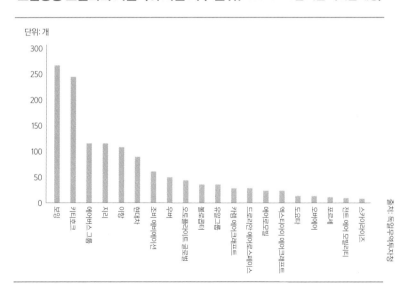

단위: 개

출처: 특허청외특허청

공 모빌리티 서비스를 제공할 예정이다.

이와 함께 이항은 R&D 투자를 통한 제품의 업그레이드에도 적극적으로 나서고 있다. 2021년 5월에 공개한 신형 자율항공기 VT-30이 대표적인 예다. 주력 모델인 'EHang216'의 경우 그동안 짧은 항속거리를 단점으로 지적받아 왔는데, 이에 비해 VT-30은 1회 충전 항속거리가 300km에 이르고 비행시간도 100분으로 장거리 비행이 가능하다. 여기에 친환경, 저소음이라는 장점이 있어 도심 내 이동은 물론이고 광동-홍콩-마카오, 양쯔강 삼각주 같은 도시 클러스터Cluster 간이동에도 이용될 것으로 예상된다.

물론 아직까지 이항이 넘어야 할 산은 많다. 단적으로 2021년 2월에 미국 투자정보 업체인 울프팩리서치Wolfpack Research가 이항의 매출과 생산능력 등에 심각한 문제가 있다는 공매도 보고서를 발간했는

출처: 이항

이항의 신형 자율항공기 VT-30은 1회 충전 항속거리가 300km에 이르고 비행시간도 100분으로 장거리 비행이 가능하다.

데, 이 여파로 이항의 주가가 폭락한 것을 들 수 있다. 이에 이항은 반박 자료를 내고 해명에 나섰지만, 시장의 신뢰를 회복하기에는 미흡한 측면이 있다. 또한 앞에서 본 것처럼 이항이 많은 기술특허를 보유하고 있지만, 핵심 기술이나 단기 실현 가능성 면에서는 여전히 글로벌 도심항공 모빌리티 업체에 비해 열세인 것이 현실이다. 이처럼 자국의 대표 도심항공 모빌리티 업체인 이항이 위기에 처하자 중국 정부는 EHang216 모델의 항공기 안전 운항 신뢰도를 뜻하는 감항성 Airworthiness을 평가하기 위한 실무팀을 구성하는 등 이항을 지원하기 위한 다각적인 조치를 실행하고 있다.

한편, 중국 최대 민영 자동차 기업인 지리자동차 역시 도심항공 모빌리티 시장에 적극적으로 진출하고 있다. 갈수록 환경규제가 강화되고 자동차 수요가 둔화되는 상황에서 하루빨리 미래 성장동력인 도심항공 모빌리티 부문에서 주도권을 확보하기 위해서다. 이를 위해 지리자동차는 공격적인 M&A와 자체 기술 개발을 통해 도심항공 모빌리티 경쟁력을 끌어올리고 있으며, 도심항공 모빌리티 기술특허 자산 지수에서도 보잉, 키티호크, 에어버스에 이어서 4위를 차지하고 있다. 구체적으로 지리자동차는 2017년에 미국의 플라잉카 개발사인 테라퓨지아를 인수하며 플라잉카 제작에 본격적으로 나섰다. 테라퓨지아는 미국 연방항공청Federal Aviation Administration, FAA으로부터 운항 허가를 획득한 2인승 플라잉카인 '트랜지션Transition'을 생산하고 있으며, 2025년에는 또 다른 4인승 플라잉카 모델을 출시할 계획이다. 이와 함께 테라퓨지아는 중국 드론 제조사인 쓰촨아오시커지AOSSCI와 합병해 플라잉카 업체인 에어로퓨지아Aerofugia를 설립했다. 에어로퓨지아

볼로콥터 2X는 볼로콥터의 기술력과 지리자동차의 제조 역량이 결합된 2인승 전기 수직 이착륙기다.

가 2020년 9월에 출시한 전기 드론 모델인 '엑스-키메라 25[X-Chimera 25]'는 6kg의 물품을 운반할 수 있으며 1시간 30분 충전으로 6시간 비행이 가능해 순찰, 긴급구조 등에 활용되고 있다.

또한 지리자동차는 2019년에 독일의 플라잉카 개발사인 볼로콥터에 투자한 후 합작사인 '워룽쿵타이[沃珑空泰]'를 설립했다. 양사는 볼로콥터의 전기 수직이착륙기 기술과 지리홀딩그룹의 대규모 제조 역량을 결합해 2024년까지 에어택시 생산과 사업 운영을 추진할 계획이다. 지리자동차가 2021년 상하이 모터쇼에서 선보인 2인승 전기 수직이착륙기 '볼로콥터 2X'는 볼로콥터의 대표 모델이다. 교체 가능한 배터리 9개와 프로펠러 18개가 장착되어 있어 일부 배터리가 방전되거나 프로펠러가 작동하지 않아도 안전하게 비행을 지속할 수 있다는 강점이 있다.

니오, 리오토와 함께 중국 전기차 삼총사 중 하나인 샤오펑도 도심항공 모빌리티에 대한 투자를 늘리고 있다. 샤오펑과 CEO인 허샤오 펑이 공동 투자한 도심항공 모빌리티 기업 샤오펑후이티엔^{小鵬汇天}은 2020년 베이징 오토쇼에서 5~25m 높이의 저공비행 능력과 자율비 행 시스템을 갖춘 '트래블러 T1^{Traveler T1}'을 공개한 데 이어서 2021년 상하이 오토쇼에서는 항공 관광과 긴급구조용 1인승 유인 전기 수직 이착륙기인 '트래블러 X1'을 출시했다. 같은 해 7월에는 최대 적재 중 량 200kg, 최대 시속 130km인 '보이저X2^{VoyagerX2}'를 공개했는데, 이 기체는 자율비행과 지상 모니터링 등에서 기존 모델보다 향상된 기능 을 갖추고 있으며 8개의 독립적인 배터리모듈로 구성되어 있어서 어 느 한 모듈이 망가져도 다른 모듈에서 전기를 끌어와 비행할 수 있다. 샤오펑후이티엔은 2021년 10월에 5억 달러 규모의 시리즈A 투자를 유치했고, 기업 고객을 목표로 하는 경쟁사와는 달리 개인 고객을 위

보이저X2는 자율비행과 지상 모니터링 등에서 기존 모델보다 향상된 기능을 갖추고 있으 며 8개의 독립적인 배터리모듈로 구성되어 있다.

한 도심항공 모빌리티 솔루션을 개발해 2024년에 상용 서비스를 시작할 계획이다.

Part 4

코리아 모빌리티의
미래는

도약과 쇠퇴의 갈림길에 선
한국 자동차 산업

구조적 전환기를 맞이한 한국 자동차 산업

자동차는 우리나라의 대표적인 기간 산업이자 주력 수출 산업으로 그동안 한국 경제를 이끄는 견인차 역할을 해왔다. 또한 철강, 석유화학, 기계, IT, 금융, 플랫폼 등 광범위한 전·후방 연관 산업을 포괄하고 있고 고용 유발 효과가 커 일자리 창출에도 크게 기여해왔다. 현대차·기아는 물론이고 삼성전자, LG, SK, 네이버, 카카오 등 국내 대기업들이 자동차 산업에 뛰어드는 것도 이 때문이다. 실제로 국내 자동차 산업의 생산액은 약 190조 원으로 전체 제조업의 13%를 차지하고 있고, 자동차 관련 제품은 총수출액의 10%를 담당한다. 그리고 국내 제조업 전체 종사자의 11%인 약 40만 명이 자동차 제조업 분야에서 일하고 있으며, 여기에 판매·정비·주유소 등의 관련 업계를 모두 합치면 고용 인원이 무려 약 190만 명에 이른다. 그야말로 자동차는 반도체와 함께 한국 경제의 양대 축이라고 해도 과언이 아니다.

하지만 모빌리티 패러다임 전환기에 직면한 국내 자동차 산업의 현실은 녹록지 않다. 미래 모빌리티 주도권을 차지하려는 글로벌 업체들과의 경쟁이 갈수록 치열해지고 있는 데다 제품 차별화 및 신기술 개발에 소요되는 투자비용도 기하급수적으로 늘어나고 있기 때문이다. 글로벌 경기 부진과 차량공유 서비스의 확산 등으로 자동차 수요가 위축되고 있는 점도 큰 부담이다. 이 같은 상황은 국내 자동차 생산 실적에도 고스란히 나타나고 있다. 2015년까지만 해도 450만대 수준을 유지했던 국내 자동차 생산량은 2019년에는 395만 대로 하락하며 글로벌 금융위기 이후 처음으로 400만 대를 밑돌았고, 2020년에는 코로나19 팬데믹 충격으로 351만 대를 기록하며 또다시크게 감소했다. 뿐만 아니라 2021년에도 코로나19 재확산과 반도체 공급 부족의 영향으로 생산량이 360만 대 수준에 그칠 것으로 예상된다. 이처럼 국내 자동차 생산량이 수년째 400만 대를 밑도는 것은 매우 심각한 상황이라고 할 수 있다. 연간 400만 대의 생산량은 국내 자동차 생태계를 유지하는 데 필요한 마지노선으로 여겨진다. 즉, 완성차 업체와 부품사가 현재의 생산설비를 유지하려면 매년 최소 400만대 정도는 생산해야 한다는 뜻이다. 만약 생산량이 그 이하로 떨어지면 완성차 업체들의 실적이 악화되는 것은 물론이고 기초체력이 약한

국내 자동차 생산량 추이

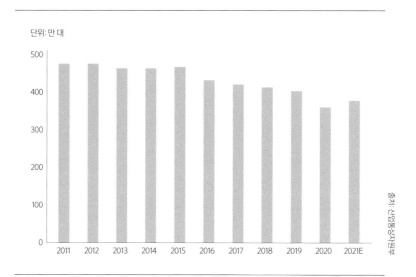

단위: 만 대

출처: 산업통상자원부

부품사들은 도산할 가능성이 커진다.

한편, 국내 자동차 산업의 대표주자인 현대차·기아의 합산 글로벌 판매량도 2015년의 802만 대를 정점으로 뚜렷한 하락세를 나타내고 있다. 2020년 판매량이 635만 대를 기록하며 2011년의 659만 대 이후 9년 만에 700만 대 이하로 떨어진 것이다. 판매량이 줄어든 원인은 복합적이다. 가장 큰 원인은 양적인 팽창에 집중한 나머지 시장의 트렌드에 신속하게 대응하지 못하고 품질 향상을 등한시했다는 점을 꼽을 수 있다. 여기에 현대차와 기아의 라인업이 중복되면서 각 사의 차별성을 살리지 못한 점도 악재로 작용했다. 시장 수요가 둔화하고 업체 간의 경쟁이 치열해지자 현대차·기아는 판매 부담이 커졌고 이를 극복하기 위해 인센티브(할인) 증가, 마케팅 비용 확대, 보증기간 연장 등의 조치를 취하면서 2018년까지 수익성이 내리막길을 걸었다. 물론 최근 들어서 정의선 회장 체제로 세대교체가 이뤄지면서 신규 모델 출시와 전기차 전환이 본격화하고 있고, 대규모 M&A와 신사업 진출에 적극적으로 나서며 국면 전환을 시도하고 있다는 점은 긍정적으로 평가할 수 있다.

이처럼 대기업인 현대차·기아가 과감한 투자와 발 빠른 대응으로 상황을 개선하고 있는 것과는 대조적으로 한국GM, 르노삼성, 쌍용차 등의 국내 완성차 3사는 매우 어려운 상황에 처해 있다. 판매 부진으로 경영난이 심화되고 있고, R&D 역량 부족으로 차량의 경쟁력마저 떨어지고 있기 때문이다. 한국GM은 2018년 군산공장을 폐쇄하는 등 구조조정을 시행했지만, 7년 연속 적자를 기록하고 있고, 노사 갈등으로 생산 중단이 반복되고 있다. 모든 임직원을 대상으로 희망퇴직을 실시한 르노삼성과 2020년 말에 법정관리를 신청한 쌍용차도 총체적 난관에 봉착해 있기는 마찬가지다.

문제는 지금부터다. 자동차가 주력 산업인 한국은 글로벌 모빌리티 지각변동의 영향권 안에 있다. 앞에서 본 것처럼 제조업의 전형이었던 자동차 산업은 이제 차량공유와 같은 모빌리티 서비스업으로 진화하고 있고, 코로나19 팬데믹을 계기로 전기차에 대한 수요가 급증하고 있다. 자율주행 시대가 임박하면서 더 이상 자동차 회사의 핵심 경쟁력이 하드웨어에 국한되지 않고 소프트웨어와 콘텐츠의 중요성이 나날이 커지고 있는 것이다. 그간 철옹성 같았던 완성차 업체의 경쟁우위가 빠르게 약화되면서 테슬라를 비롯한 신생 업체들이 곳곳에서 출현하고 있고, 완성차 업체에서 부품 업체로 이어지는 기존의 수

직계열화 방식에도 큰 변화가 생기고 있다. 여기에 산업 간 경계가 사라지는 빅블러Big Blur● 현상이 가속화되면서 테크 기업들도 자동차 산업에 진출하고 있어 산업 내의 경쟁 구도가 빠르게 재편되고 있다.

이러한 변화가 얼마나 큰 변화와 충격을 몰고 올지 상상하는 것은 어렵지 않다. 내연기관차가 전기차로 전환되는 것만 떼어놓고 봐도 자동차 산업뿐만 아니라 에너지 산업까지 뒤흔드는 메가톤급 변화다. 현재 미국과 유럽, 중국 등의 주요국들은 기후위기 극복과 신성장 동력 육성을 위해 탄소중립 정책을 적극적으로 추진하고 있다. 각국의 탄소배출 규제가 강화되고 내연기관차 생산 및 판매 금지 시한이 구체화되면서 지난 100여 년간 자동차 산업을 주도해온 내연기관차는 사실상 시한부 선고를 받았다. 경쟁력 있는 전기차를 제조할 수 있는 완성차 업체는 살아남겠지만, 자체적인 전기차 개발 능력과 투자 여력을 갖추지 못한 중소 완성차 업체들은 내연기관차 퇴출 스케줄과 운명을 함께할 가능성이 크다.

전기차 전환에 대비하지 못한 자동차 부품 업체들도 상황은 마찬가지다. 내연기관차 판매가 줄어들며 실적이 악화된 데다 전기차 전환이 속도를 내면서 이제는 생존 자체를 걱정해야 할 상황에 처했다. 내연기관차와 달리 전기차는 배터리와 모터를 통해 움직이므로 엔진, 변속기, 배기 관련 부품이 모두 필요하지 않게 된다. 즉, 전기차 부품 수가 내연기관차의 3분의 1에 불과하다 보니 전기차 시장이 커질수록 내연기관차 관련 부품 업체들의 시장 퇴출 압력이 커질 수밖에 없

● 변화의 속도가 빨라지면서 기존에 존재하던 것들의 경계가 뒤섞이는 현상.

다. 뿐만 아니라 정비 업체들도 수리 비용이 큰 엔진이나 트랜스미션이 사라지고 엔진오일과 같은 소모품의 교환 수요도 크게 줄어들면서 수익성에 큰 타격을 입게 된다. 전기차 정비 및 수리를 대안으로 생각해볼 수도 있겠지만 이 역시 쉽지 않다. 전기차 부품 중 가장 원가가 비싼 배터리의 경우 모듈 형태로 설계되어 있어 경정비 업체에서 수리하기가 사실상 어렵기 때문이다.

이를 뒷받침하듯 국내 자동차 부품 산업의 생산과 고용은 2016년 이후로 지속해서 감소세를 나타내고 있다. 앞서 살펴본 것처럼 자동차 생산량이 줄어들면서 부품 업체들의 납품 물량도 줄어든 가운데, 전기차 침투율이 빠르게 상승하고 있기 때문이다. 이와 함께 부품 산업의 구조적인 취약점도 불안요인으로 작용하고 있다. 국내 자동차 부품 업체의 85%는 현대차그룹에 납품하고 있는데 한국GM, 르노삼성, 쌍용차의 생산이 부진하다 보니 이들의 현대차그룹 의존도가 갈수록 심화되고 있다. 특히 상당수 부품 업체들은 현대차그룹과 전속 계약으로 묶여 있고 재무 구조와 기술 개발 능력이 열악한 상황이다. 문제는 이처럼 국내 부품 업체들이 특정 기업에 과도하게 의존하게 되면 외부 충격이나 환경변화에 그만큼 취약해질 수밖에 없다는 점이다. 단적인 예로 현대차는 2020년부터 디젤 엔진 기반의 신차 개발 프로젝트를 중단했고, 가솔린 엔진 개발도 단계적으로 멈출 예정이다. 뿐만 아니라 전기차 생산을 확대하기 위해 기존 내연차 생산라인을 전기차 전용라인으로 전환하는 작업을 하고 있다. 현대차의 첫 전용 전기차인 아이오닉5의 경우 내연기관차보다 부품 수가 30%가량 적다는 점을 감안하면, 현대차에 사실상 종속된 부품 업체들이 큰 타

234

격을 입을 수밖에 없는 구조인 것이다.

한국자동차연구원에 따르면 국내 자동차 부품 업체의 47%에 해당하는 4,195개 기업이 전기차 전환에 의해 부정적인 영향을 받는 것으로 나타났다. 심지어 2030년까지 전기차 침투율이 33%로 높아질 경우 900개 기업은 아예 사라질 전망이다. 반면에 전기차 확산으로 수혜를 입는 전장부품, 배터리 등 미래차 부품 기업은 210개로 전체 자동차 부품 업체의 2.3%에 불과한 것으로 나타났다. 무엇보다도 자동차 산업의 변화에 대한 준비가 미흡한 상황이다. 한국자동차산업협회가 국내 부품 업체 185곳을 대상으로 조사한 결과, 미래차 부품 개발체계를 구축하고 생산에 나선 기업은 39%에 그쳤고, 이 중에서 수익을 내는 곳은 18%에 불과했다. 더욱이 자체 R&D 역량이 부족한 연 매출 500억 원 이하의 중소 부품 업체들 중에서는 약 16%만 미래차 부품을 생산하는 것으로 나타났다. 한마디로 자동차 부품 업계에서도 '빈익빈 부익부'의 악순환이 반복되는 것이다. 현대차그룹이 미래 모빌리티 전환을 강력하게 추진하고 있는 것에 비해 중소 부품 업체들의 움직임이 더딘 것도 이런 상황과 밀접하게 연관되어 있다. 더욱이 이처럼 완성차 판매가 둔화되는 가운데 전기차로의 전환이 속도를 내면 자동차 부품 업체가 몰려있는 지역의 경제 상황도 큰 피해가 우려된다. 이들 지역의 부품 업체들은 대부분 내연기관차 중심의 생산라인을 보유하고 있어서 모빌리티 패러다임 전환에 뒤처질 위험이 크다. 특히 현대차그룹에 납품하는 엔진과 변속기 관련 비중이 높은 울산, 창원, 대구, 경북의 부품 업체들은 투자 재원과 전문 인력 부족 등으로 경영난이 심화되고 있다.

이렇듯 전기차로 대변되는 미래차 전환은 결국 일자리 문제로 귀결된다. 복잡한 부품과 엔진이 탑재되는 내연기관차와 달리 전기차는 차체 구조가 간단하고 부품 모듈화가 쉬워 조립 인력도 덜 필요하기 때문이다. 전기차 생산에 필요한 인력은 부품 수와 마찬가지로 내연기관차의 3분의 1 수준에 불과하다. 2018년 GM을 시작으로 폭스바겐, 포드, 아우디, BMW 등 글로벌 완성차 업체들이 대규모 인원 감축을 실시한 것도 이러한 배경에서다. 기존 내연기관 생산설비를 전기차 전용설비로 바꾸고 대규모 구조조정에 돌입함으로써 전기차 확산에 선제적으로 대응하려는 것이다. 구체적으로 폭스바겐의 경우 2023년까지 전기차를 포함한 미래차 개발을 위해 8,000명의 생산인력을 줄이려 하고 있고, 아우디 역시 2025년까지 9,000명을 감원할 방침이다. 독일의 이포 경제연구소Ifo Institute에 따르면 탄소배출 규제 정책에 따라 내연기관차가 감소할 경우 2025년까지 약 17만 8,000명의 관련 종사자들이 타격을 입을 전망이다.

한국도 예외가 아니다. 현대차그룹은 전기차 전용 플랫폼인 E-GMP를 기반으로 2025년까지 23종의 전기차 모델을 출시하고 글로벌 시장에서 연간 100만 대의 전기차를 판매하겠다는 계획을 갖고 있다. 이에 따라 대규모 생산라인 개편과 인력 구조조정이 불가피한 상황이다. 이와 관련해 현대차·기아 노조가 2019년에 발표한 〈미래형 자동차 발전 동향과 노조의 대응〉 보고서에 따르면 신차 생산량 중에서 전기차 비중이 2030년까지 25%로 증가할 경우 5,000개가 넘는 생산직 일자리가 사라질 것으로 전망된다. 극심한 노사 갈등과 그에 따른 생산 차질이 예상되는 지점이다. 게다가 한국은 싱가포르와 함께 로봇 밀도(근로자 1명당 로봇 설치 대수)가 가장 높은 나라에 속한다. 자동차 산업을 중심으로 로봇의 도입이 활발하게 이뤄졌기 때문이다. 더욱이 전기차 전용 플랫폼의 모듈화·표준화를 통해 제조과정이 단순해지면서 로봇 활용도가 높아지면 그만큼 인력 감축 폭도 커질 것으로 예상된다. 자동차 부품 업계 상황도 이와 다르지 않다. 내연기관차 판매 둔화로 기존의 캐시카우가 힘을 잃는 상황에서 미래차 분야에 과감한 투자를 하는 것은 더욱더 어렵기 때문이다. 산업연구원은 2022년에 전기차 생산 비중이 10.5%로 늘어나면 4,718개의 부품 업계 일자리가 줄어들 것으로 전망한 바 있다.

2020년 주요국 로봇 밀도 현황

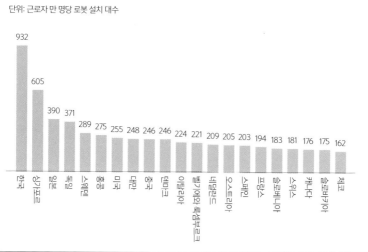

단위: 근로자 만 명당 로봇 설치 대수

출처: 국제로봇협회

중국에서 부진의 늪에 빠진 현대차그룹

현대차그룹이 처한 어려움은 국내 시장에 국한되지 않는다. 특히 세계 최대 자동차 시장인 중국에서의 부진이 뼈아프다. 현대차그룹이 해외에서 가장 많은 생산설비를 보유하고 있고, 국내 주요 자동차 부품 업체들이 몰려 있는 핵심 사업지역이 바로 중국이기 때문이다. 잘 알려져 있듯이 중국은 현대차그룹이 글로벌 생산능력 800만 대 체제를 갖추며 성공가도를 달릴 수 있게 한 발판이었다. 현대차는 2002년에 베이징자동차와 지분 50 대 50 형태의 합작사인 베이징현대를 설립했는데, 이후 출시한 EF쏘나타, 아반떼XD가 연이어 흥행에 성공하면서 가파른 성장세를 나타냈다. 기아도 현지 완성차 업체와 둥펑위에다기아東風悅達起亞라는 합작사를 설립해 본격적인 중국 시장 공략에 나섰다. 이후 현대차그룹은 '현대속도'라는 신조어를 유행시킬 만큼 성공적으로 중국 시장에 안착했고, 매년 늘어나는 판매량을 감당하기 위해 베이징, 창저우, 충칭, 옌청 등에 연간 270만 대 규모의 생산기지를 구축했다.

하지만 2016년을 정점으로 현대차그룹의 중국 성공 신화는 끝났다. 사드 사태와 맞물려 중국 내 판매가 급감했고, 이후로도 돌파구를 찾지 못하며 하락세를 거듭하고 있다. 대부분의 국내 언론들이 앞다퉈 보도한 것처럼 표면적으로는 사드 사태가 중국 내 반한反韓 감정을 고조시켜 현대차그룹의 중국 사업을 위험에 빠뜨린 것처럼 보이지만, 사실 위기의 징후는 이전부터 있었다. 실제로 다음의 그래프에서 보이듯이 2014년까지 10%에 육박하던 현대차·기아의 중국 시장 점유

현대차·기아 중국 시장 점유율 추이

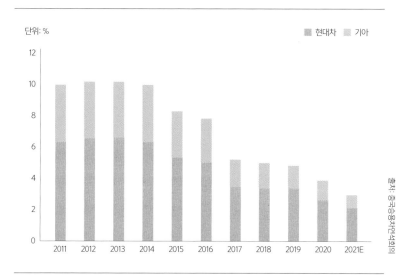

단위: %

■ 현대차 ■ 기아

출처: 중국승용차연석회의

율은 2015년에 급감한 이후 추세적으로 하락하며 2021년에는 3% 아래로 떨어졌다. 삼성전자가 중국 스마트폰 시장에서 한때 20%가 넘는 점유율을 기록하다가 이제는 1% 미만으로 하락한 것과 유사한 패턴을 보이는 것이다. 더욱이 현대차그룹은 급성장하는 중국 전기차 시장에서도 이렇다 할 성과를 거두지 못하고 있다. 중국이 세계 최대 자동차 시장이고 미래 모빌리티 혁신을 선도하기 위해 반드시 공략해야 하는 시장임을 감안하면 이는 매우 우려되는 모습이다.

현대차그룹의 중국 시장 점유율이 급감한 것은 한마디로 유럽, 미국, 일본 등 글로벌 업체들의 브랜드 파워와 기술력을 넘어서지 못한 상태에서 부쩍 실력을 키운 로컬 업체들의 공세에 제대로 대응하지 못했기 때문이라고 할 수 있다. 중국 로컬 업체들은 글로벌 업체들과 합작을 통해 얻은 기술력과 생산 노하우를 바탕으로 가성비 높은 제품을 내놓으며 소비자를 공략했다. 특히 창청자동차, 지리자동차와 같은 기업들은 SUV 열풍에 빠르게 대응하며 하발H6, 보위에博越 등 가성비가 뛰어난 SUV 차종을 쏟아냈고, 이는 시장 점유율 확대로 이어졌다. 하지만 현대차그룹은 중국의 자동차 시장이 SUV 차량을 중심으로 재편되는 상황에서도 상당 기간 세단을 고집하면서 경쟁에서 뒤처졌다. 곧 단종된 구형 모델과 신형 모델을 동시에 판매하는 정책이 한계에 부딪혔고, 구형 모델을 처리하는 과정에서 인센티브를 과다하게 지급하면서 재무상황마저 악화되었다. 결국 현대차는 중국 시장에서 판매 부진이 지속되자 베이징 1공장을 중국 전기차 스타트업인 리오토에 매각한 데 이어서 베이징 2공장도 매각 협상을 진행하는 등 강도 높은 구조조정에 나서고 있다.

이처럼 현대차그룹의 부진을 사드 사태 탓으로만 돌리기에는 무리가 있다. 사드 사태가 완화된 이후에도 시장 점유율을 회복하지 못하고 있는 데다 최근 몇 년간 현대차그룹의 중국 시장 판매량이 시장 평균보다 더욱 크게 감소하고 있기 때문이다. 도요타, 혼다 등 일본 차의 경우 2012년 다오위다오(일본명 센카쿠열도) 분쟁을 포함해 반일反日 감정을 증폭시킬 만한 이슈가 수차례 있었음에도 불구하고 브랜드 파워와 품질을 앞세워 중국 시장에서 선전하는 모습을 보였는데, 이는 매우 시사하는 바가 크다. 즉, 사드 사태가 현대차그룹의 중국 시장 영업환경에 부정적인 영향을 미친 것은 사실이지만, 이를 극복할 만한 대응 전략과 제품 경쟁력이 미흡했던 점도 간과해서는 안된다.

국내 자동차 부품 업체도 중국 시장에서 어려움을 겪는 것은 마찬가지다. 중국은 대부분의 국내 자동차 부품 업체들에게 있어서 가장 중요한 해외 사업장이다. 부품 업체들이 현대차그룹과 함께 중국 시장에 진출해 대규모 생산 클러스터를 구축하는 전략을 펼쳤기 때문이다. 해외 시장에서 안정적인 공급망을 확보하는 것이 중요하다는 것을 인식한 현대차그룹은 주요 부품 업체들의 중국 동반 진출을 유도했고, 이에 내수시장에 집중하던 부품 업체들은 중국을 글로벌 시장 공략의 교두보로 삼기 위해 대규모 투자를 단행했다. 문제는 중국 시장에서 현대차·기아의 자동차 판매량이 급감하자 그에 따른 충격이 부품 업체들에게도 고스란히 전가되었다는 점이다. 특히 현대차그룹에 대한 매출 의존도가 높은 업체들은 주문량 감소에 따른 공장 가동률 하락으로 큰 타격을 입었다. 설상가상으로 현대차그룹이 중국 현지 생산 차종에 들어가는 모든 부품에 대해 중국 로컬 업체들의 입찰을 허용하면서 국내 부품 업체들의 입지는 더욱 좁아졌다. 2021년 7월 만도의 선양沈阳 법인이 중국에 진출한 지 9년 만에 철수한 것이 단적인 예다.

사실 중국 시장에서 현대차·기아의 경쟁력은 우수한 성능과 경쟁 업체 대비 저렴한 가격, 즉 가성비에 있었다. 그런데 2015년 이후 중국 로컬 업체들이 적당한 수준의 성능과 품질을 갖추면서도 가격이 훨씬 저렴한 자동차로 물량 공세를 펼치자 현대차·기아의 시장 점유율은 빠르게 감소하기 시작했다. 그렇다고 해서 독일, 미국 등 글로벌 완성차의 브랜드 파워를 단기간에 따라잡을 수 있는 것도 아니었다. 상황이 이렇게 되자 현대차·기아는 파워트레인 등 핵심 부품에 대해 중국 부품 업체의 입찰을 제한해왔던 기존의 방침을 변경해 중국산 부품의 비중을 높이기 시작했다. 수익성과 시장 점유율을 끌어올리는 것이 우선순위였던 만큼 불가피한 측면에서 이뤄진 일이었지만, 이는 중국에 진출해 있던 국내 부품사들에게는 치명적인 악재였다.

여기서 주목할 만한 점은 현대차·기아가 단지 저렴한 가격 때문에 중국 업체들의 부품을 사용한 것이 아니라는 것이다. 안전과 신뢰성을 중시하는 자동차 업계의 특성상 가격만 싸다고 해서 부품을 구매하는 일은 없다. 실제로 중국 부품 업체들은 지난 수십 년간 글로벌 완성차 업체들과 손잡고 R&D 투자와 품질 향상에 전력해왔다. 그 결과 일부 업체들의 경우 현대차·기아의 1차 벤더보다 더욱 뛰어난 품질 경쟁력을 확보하게 되었다. 도요타가 중국 시장에서 선전하는 것도 높은 브랜드 파워를 바탕으로 중국 부품 업체와 협력해 중국 시장에 특화된 부품 조달에 성공했기 때문이다. 이와 함께 현대차의 중국 파트너사인 베이징자동차가 로컬 업체들에게 부품 공급망을 개방하라고 요구한 것도 큰 영향을 미쳤다. 현대차 주요 모델의 판매 감소로 합작사인 베이징현대의 실적이 악화되자, 베이징자동차는 한국 부품 업체의 높은 가격에 불만을 표시하고 이를 시정할 것을 촉구했다. 사실 과거에도 베이징자동차가 중국산 부품 비중을 높이라고 요구한 적이 있었지만, 당시에는 중국 업체와 국내 업체의 품질 격차가 뚜렷했기 때문에 현대차가 이를 거부할 명분이 있었다. 하지만 앞서 언급했듯이 중국 부품 업체의 기술력이 향상된 상황에서 마냥 버틸 수만은 없었다. 무엇보다도 현대차의 부진이 지속되면서 베이징자동차의 발언권이 강해지는 등 중국 사업의 역학관계가 달라진 점도 크게 작

용했다. 베이징자동차는 베이징현대를 포함해 베이징자동차, 베이징
벤츠 등의 세 가지 브랜드를 보유하고 있는데, 다음의 그래프에서 보
이듯이 베이징현대의 판매 비중이 지속해서 감소하는 반면에 또 다
른 합작사인 베이징벤츠의 매출 및 이익기여도는 빠르게 확대되고 있
다. 베이징현대가 잘 팔릴 때는 국내 부품 업체들이 마진을 많이 남기
더라도 베이징자동차 측에서 별다른 이견을 제시하지 않았지만, 베이
징벤츠로 무게 중심이 옮겨간 다음에는 베이징자동차가 수익성 확보
를 위해 단가 인하와 부품사 교체까지도 요구하게 된 것이다. 둥펑자
동차·위에다그룹과 합작회사를 설립한 기아 역시 이와 유사한 상황
에 처해 있다. 이처럼 현대차·기아가 가격 경쟁력 확보에 혈안이 되
고 합작사의 로컬 부품 업체 조달 요구가 커지자 현대차·기아에 의존

베이징자동차 주요 브랜드별 판매 비중 추이

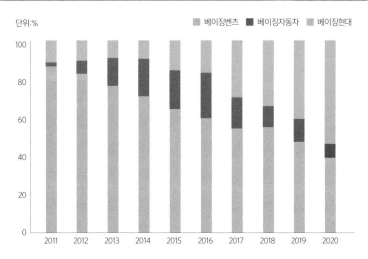

도가 높은 국내 부품 업체들은 직격탄을 맞고 있다. 중국에 진출한 상당수의 국내 부품 업체들이 감산과 인력 감축 등 강도 높은 구조조정을 지속하는 것도 이러한 배경에서다. 이처럼 부품 업체를 포함한 국내 자동차 산업이 현재 심각한 도전에 직면해 있는 만큼, 이제는 위기의식을 갖고 우리가 가진 역량을 총동원해 현재의 난국을 돌파해 나가야 한다. 다음 장에서는 바로 이 점에 관해 다룰 것이다.

자동차 제조 강국을 넘어서
미래 모빌리티 강국으로

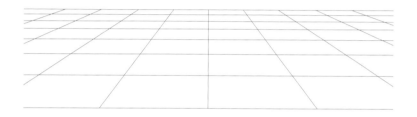

모빌리티 패러다임 전환에 나선 한국

모빌리티는 그 자체만으로 거대한 산업일 뿐만 아니라 확장성이 크고 고부가가치를 창출할 수 있는 미래 성장동력으로 꼽힌다. 특히 자율주행 전기차로 대표되는 미래차 시장은 IT, 배터리, 소프트웨어, 5G 등 혁신 기술들과 융합되며 빠르게 성장할 전망이다. 여기에는 전동킥보드와 같은 마이크로 모빌리티, 군집 주행하는 트럭, 전기 수직이착륙기를 활용한 도심항공 모빌리티 등 다양한 이동수단도 포함된다. 이들은 관련 제조업 및 여객, 물류, 항공 등 서비스 산업에 파급효과를 미치고 신규 고용창출에도 크게 기여할 것으로 예상된다.

이처럼 모빌리티 산업의 성장성이 확실해지자 주도권을 차지하기 위한 움직임도 활발하게 이뤄지고 있다. 글로벌 기업들은 모빌리티 밸류체인에 적극적으로 투자하고 있고, 주요국들도 앞다퉈 모빌리티 육성 정책을 쏟아내고 있다. 한국 역시 예외가 아니다. 현대차그룹을 비롯한 완성차 기업뿐만 아니라 배터리, IT, 플랫폼 기업들이 모빌리티 시장에 뛰어들고 있고, 정부도 재정 및 세제 지원을 강화하고 있다. 하지만 우리의 상황을 낙관할 수 있는 것만은 아니다. 한국은 세계 5위 자동차 생산국이지만, 모빌리티 비즈니스 부문에서는 후발주자에 가깝다. 자동차 강국임에도 이렇다 할 자동차 스타트업을 배출해내지 못했고, 제조업 마인드에 갇혀서 플랫폼 서비스로 진화하는 모빌리티 트렌드에 발 빠르게 대처하지도 못했다. 뿐만 아니라 내연기관 완성차 업체들의 기득권이 강고한 탓에 미래차 체제로 전환하는 과정에서 상당한 저항과 마찰을 겪고 있다. 지난 수십 년간 막대한 설비투자와 R&D로 쌓아 올린 내연기관차 경쟁력이 하루아침에 무너질 위기에 놓이자 이에 대한 반발이 일어나고 있는 것이다. 완성차 업체 중심의 수직적이고 폐쇄적인 공급망에 종속된 부품 업체들도 변화에 소극적이기는 마찬가지다.

다행인 것은 최근 들어서 국내 기업들이 모빌리티 패러다임 전환에 적극적으로 동참하고 있다는 점이다. 미래 먹거리를 놓칠 수 있다는 위기감 속에서 특유의 패스트팔로워 전략을 구사하며 과감한 M&A와 투자에 나서고 있다. 사실 한국은 글로벌 모빌리티 경쟁에서 앞서 나갈 수 있는 유리한 조건들을 갖추고 있다. 특히 미래차 핵심 부문에서 글로벌 경쟁력을 갖춘 기업들을 다수 보유하고 있다는 것은 가장 큰 장점으로 꼽힌다. 단적인 예로 전기차의 심장인 배터리 부문의 경우 LG에너지솔루션, 삼성SDI, SK온 등 글로벌 최상위권 배터리 기업이 3개나 된다. 또한 자동차의 전장화로 반도체 수요가 갈수록 늘어나는 추세인데, 여기에는 글로벌 반도체 시장에서 강력한 위상을 구축하고 있는 삼성전자, SK하이닉스와 같은 굴지의 반도체 기업들이 있으며, 자율주행 시대에 중요성이 커질 디스플레이 산업 역시 LG디스플레이와 삼성디스플레이가 두각을 나타내고 있다. 뿐만 아니라 한국은 모빌리티 비즈니스를 전개하기에도 좋은 환경을 지니고 있다. 모빌리티 플랫폼의 서비스 반경이 국가 단위가 아니라 도시 단위인 점을 감안할 때, 전체 인구 5,200만 명 중 절반 이상이 서울·경기·인천 등의 수도권에 살고 있다는 것은 대규모 트래픽을 확보하기 쉽다는 것을 의미한다. 이는 관련 기업의 수익성에도 직결되는 요인이다. 이와 함께 국토 면적이 넓지 않아 전기차 충전소를 깔기가 용이하고, IT 인프라를 포함한 디지털 경쟁력이 세계 최고 수준이라는 점, 그리고 신기술에 대한 소비자들의 수용도가 높다는 점도 플러스 요인이다. 한편 택시 업계의 반발 등으로 한발 늦게 시작한 국내 모빌리티 플랫폼 서비스도 최근 들어서 카셰어링을 중심으로 빠르게 성장하고 있다. 글로벌 차량공유 업체인 우버가 티맵모빌리티에 5,000만 달러를 투자하고, 구글과 칼라일그룹Carlyle Group 등이 카카오모빌리티에 전략적 투자를 한 것도 이러한 배경에서다. 이렇게 볼 때 한국은 자동차 제조 강국을 넘어서 미래 모빌리티 강국으로 도약하기 위한 필요조건을 갖추고 있는 셈이다.

제2의 반도체가 될 배터리 산업

배터리 산업은 미래차 밸류체인 중에서도 한국의 경쟁력이 가장 두드러진 분야다. 실제로 국내 배터리 업체들의 생산능력과 기술력은 글로벌 업계 최고 수준으로 평가받고 있다. 특히 최근 전기차 시장이 급성장하며 배터리 산업의 부상을 견인하고 있다. 코로나19 팬데믹 이후 주요국들이 경기부양책의 일환으로 그린 뉴딜을 추진하면서 전기차 시장이 빠르게 확대되고 있기 때문이다. 글로벌 완성차 업체들은 잇따라 전기차 전환 계획을 발표하고 있으며, 전기차 침투율도 예상보다 훨씬 빠르게 상승하고 있다. 그리고 이는 글로벌 배터리 수요의 가파른 증가로 이어지고 있다. 전기차의 경쟁력이 배터리 성능에서 나오는 만큼, 완성차 업체들이 고품질의 배터리를 확보하기 위해 치열한 경쟁을 벌이고 있기 때문이다. 심지어 배터리 공급 부족에 대한 우려도 제기되고 있다. 주요 배터리 업체들이 공격적인 증설 투자를 바탕으로 생산능력을 끌어올리고 있지만, 현재 추세대로라면 2025년경에 배터리 공급이 수요를 따라가지 못하는 상황이 벌어질 수도 있다. 시장조사 업체인 SNE리서치에 따르면 2020년에 461억 달러(한화 약 53조 원)였던 글로벌 배터리 시장 규모는 2025년이 되면 메모리 반도체 시장 규모를 추월하고 2030년에는 무려 3,517억 달러(한화 약 404조 원)에 이를 것으로 전망된다. 배터리 산업이 현재 한국의 주력 산업인 반도체를 잇는 차세대 성장동력이 될 것이라는 전망이 나오는 배경이다. 이처럼 국내 배터리 산업이 구조적인 성장세를 나타내면서 배터리 관련 부품, 소재 업체들도 동반 성장하고 있다. 삼성전자 뒤에 글로벌 경쟁력을 갖춘 강소 기업들이 많이 있듯이, 국내 배터리 3사 뒤에도 높은 기술력과 안정적인 생산능력을 갖춘 강소 기업들이 곳곳에 포진해 있다. 이들은 배터리 성능을 좌우하는 양극재뿐만 아니라 음극재, 분리막, 전해질 등의 분야에서 높은 시장 점유율을 차지하며 국내 배터리 3사가 글로벌 시장을 공략하는 데 첨병 역할을 수행하고 있다.

물론 국내 배터리 산업을 위협하는 요인도 있다. 글로벌 완성차 업체들의 배터리 내재화 움직임이 대표적이다. 2021년 3월 폭스바겐은 2030년까지 240GWh 규모의 자체 배터리 생산능력을 확보하겠다는 내재화 계획을 발표했다. 그리고 이를 위해 스웨덴의 배터리 업체인 노스볼트와 합작법인을 설립하고, 차세대 배터리 기술 개발을 위해 중국의 귀쉬안하이테크와도 파트너십을 체결했다. 글로벌 전기차 업계를 선도하는 테슬라 역시 자체 배터리 생산시설 구축에 나서고 있으며, GM, 포드, 스텔란티스, 도요타 등도 배터리 내재화에 속도를 내고 있다.

글로벌 완성차 업체들이 배터리를 내재화하려는 이유는 분명하다. 앞에서 언급한 것처럼 배터리는 전기차의 성능을 좌우할 뿐만 아니라 전기차 가격의 40%나 차지하는 핵심 부품이다. 이처럼 중요한 부품을 외부에서 공급받는다는 것은 완성차 업체들이 빠르게 성장하는 전기차 시장의 주도권을 잡는 데 커다란 걸림돌이 될 수 있다. 아무리 훌륭한 전기차 모델을 만들 수 있다 해도 배터리 업체로부터 배터리를 공급받지 못하면 당장 생산을 중단해야 하기 때문이다. 뿐만 아니라 전기차의 가격 경쟁력을 위해서도 배터리 내재화는 필수다.

자사 전기차 플랫폼에 최적화된 배터리를 만들어서 규모의 경제를 달성해야 향후 전기차 가격 경쟁에서도 우위에 설 수 있기 때문이다. 이렇게 볼 때 완성차 업체들의 배터리 내재화 움직임은 국내 배터리 산업에 있어서 분명 적지 않은 부담이라고 할 수 있다.

다만 배터리를 내재화하려는 완성차 업체들의 시도가 단기간에 성과를 내기는 어려울 것으로 보인다. 배터리 산업은 다수의 핵심 기술과 특허를 필요로 할 뿐만 아니라 오랜 양산 노하우가 축적되어야 상품화가 가능하므로 진입장벽이 상당히 높다. 기존 배터리 업체들이 고품질 배터리를 양산하기 위해 지난 수십 년간 막대한 자금을 투자해왔다는 점을 고려하면, 신규 업체가 안정적인 양산 수율을 확보하기란 여간 어려운 일이 아니다. 자칫 잘못하면 막대한 자금을 쏟아붓고도 품질 리스크를 관리하지 못해서 엄청난 손실을 입을 수 있다. 단적으로 최근 몇 년간 전 세계 배터리 시장이 급성장하고 있음에도 몇몇 상위 업체들을 중심으로 과점화가 진행되고 있다는 점은 그만큼 배터리 산업의 진입장벽이 높다는 것을 의미한다. 2015년에 52%였던 전 세계 상위 6개 배터리 업체의 점유율이 2021년 상반기에는 87%로 상승한 것이다. 마찬가지로 한때 200개에 육박했던 중국의 배터리 업체들이 물량 공세를 펼치며 점유율 경쟁에 나섰지만, 결국 3위 업체였던 옵티멈나노OptimumNano가 파산하는 등 대다수 업체가 선두 기업을 따라잡는 데 실패했다. 이처럼 배터리의 핵심 경쟁력인 에너지 밀도를 높이기 위해서는 고도의 소재 기술이 필요하고, 20년 이상의 업력을 가진 국내 배터리 업체들도 수율을 정상화하는 데 상당한 시간이 소요되었다. 더욱이 완성차 업체들이 내재화에 성공한다고 하더라도 배터리 공급은 수요에 비해 여전히 크게 부족할 수밖에 없다. 이렇게 볼 때 완성차 업체들은 이후에도 외부에서 배터리를 대량 구매할 수밖에 없으며, 이는 국내 배터리 업체들의 수혜로 이어질 것으로 예상된다.

사실 완성차 업체들의 배터리 내재화보다 국내 배터리 산업에 더 위협적인 것은 중국의 배터리 굴기다. 세계 최대 규모의 전기차 시장과 정부의 강력한 육성 정책을 등에 업고 중국의 배터리 산업이 고속 성장을 이어가고 있기 때문이다. 국내에서는 중국산 리튬인산철 배터리에 대해 에너지 밀도가 낮고 무거워서 국내 업체들의 주력 상품인 삼원계 배터리에 비해 경쟁력이 떨어진다는 인식이 지배적이다. 하지만 이는 절반의 진실에 가깝다. 중국 업체들이 배터리 패키징 혁신을 통해 리튬인산철 배터리의 단점으로 꼽히는 에너지 밀도 문제를 상당 부분 개선했고, 여기에 높은 가격 경쟁력을 바탕으로 시장 점유율을 빠르게 높이고 있기 때문이다. 대표적인 예로 CATL의 셀투팩 기술과 비야디의 블레이드 배터리를 들 수 있다. 국내에서 과소평가되는 것과 달리 이들은 글로벌 시장에서 이미 상당한 기술력을 인정받고 있다. CATL의 경우 중국 로컬 완성차 업체뿐만 아니라 테슬라, 폭스바겐, BMW, 다임러 등 글로벌 완성차 업체들에 배터리를 공급하고 있으며, 나아가 이들 기업과 함께 차세대 배터리 개발을 위한 협력에도 나서고 있다. 국내 배터리 업체들도 중국 업체들의 거센 도전을 이겨내고 빠르게 커지는 리튬인산철 시장을 공략하기 위해 리튬인산철 배터리 개발에 적극적으로 나설 필요가 있다.

중국 배터리 업체의 경쟁력은 소재 부문에서 더욱더 두드러진다.

중국은 일찍이 전기차 산업을 미래 먹거리로 낙점하고 배터리 관련 원자재의 채굴과 가공에서부터 셀 생산, 패키징에 이르는 배터리 수직계열화를 갖추기 위해 큰 노력을 기울여왔다. 구체적으로는 배터리 및 원자재 기업들을 앞세워 콩고, 호주, 칠레 등의 해외 광산을 개발하거나 지분투자를 지속해왔으며, 특히 원자재를 가공하거나 셀을 생산하는 미드스트림 부문에서는 이미 압도적인 경쟁력을 갖추고 있다. 블룸버그 뉴 에너지 파이낸스에 따르면 중국은 양극재, 음극재, 전해질, 분리막 등 배터리 4대 소재 부문에서 모두 50% 이상의 시장 점유율을 차지하고 있는 것으로 나타났다. 미국 바이든 정부가 2021년 6월에 발표한 배터리 공급망 조사 보고서에서 중국을 가장 큰 위험요인으로 지목한 것도 이 때문이다. 배터리 강국인 한국 역시 양극재와

2020년 국가별 주요 배터리 소재 시장 점유율 현황

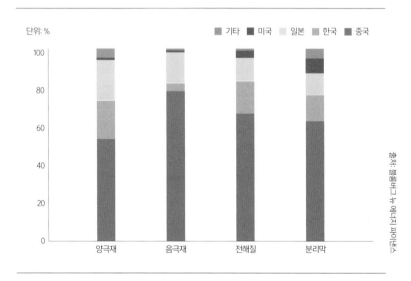

단위: %

기타 ■ 미국 ■ 일본 ■ 한국 ■ 중국

출처: 블룸버그 뉴 에너지 파이낸스

같은 주요 배터리 소재의 중국 의존도가 상당히 높다는 취약점을 갖고 있다. 국내 배터리 업체들이 중국 배터리 업체들에 비해서 가격 경쟁력이 떨어지는 이유도 배터리 제조 이전 단계의 밸류체인을 중국 기업들이 장악했기 때문이다.

다행인 것은 중국의 부상에 위기감을 느낀 미국이 독자적인 배터리 공급망 구축에 나서는 과정에서 국내 배터리 업체들이 수혜를 입을 가능성이 크다는 점이다. 미국은 제조업을 부흥시키면서 중국에 대한 의존도를 낮추기 위해 배터리, 반도체, 희토류, 의약품 등 4대 핵심 품목의 공급망 구축에 나서고 있으며, 이를 위해 한국을 포함한 동맹국과의 협력을 강화하고 있다. 이렇게 되면 중국 배터리 업체들은 가격 경쟁력을 갖추고 있음에도 불구하고 미국 시장에 진출하기 어려

국내 배터리 3사 중대형 배터리 생산능력 전망

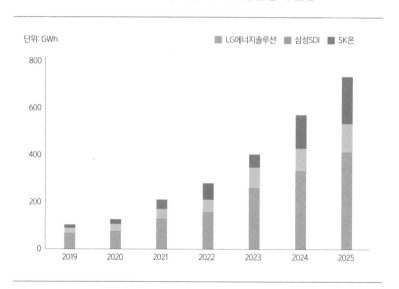

단위: GWh

워지고, 대신 국내 업체들이 미국의 배터리 시장을 선점하는 기회를 얻을 수 있게 된다. 실제로 국내 배터리 업체들은 GM, 포드, 스텔란티스 등과 손잡고 미국 시장 공략에 적극적으로 나서고 있다. 이에 따라 2025년까지 국내 배터리 3사의 생산능력 증가분 중 상당 부분이 미국에서 발생할 것으로 전망된다.

미래차 주도권 경쟁에 나선 현대차그룹

앞 장에서 살펴보았듯이, 국내 자동차 산업을 대표하는 현대차그룹은 2015년 이후로 상당히 부진한 모습을 보였다. 글로벌 저성장으로 자동차 수요가 둔화된 데다 시장 트렌드에도 뒤처지면서 미국과 중국 등의 주력 시장에서 고전했기 때문이다. 하지만 코로나19 팬데믹 이후로는 다른 모습을 보이고 있다. 철저한 방역 조치와 선제적인 반도체 재고 확보로 다른 글로벌 완성차 업체들에 비해 코로나19 팬데믹의 영향을 적게 받았고, 여기에 3세대 플랫폼 기반의 신차 판매가 호조를 나타내고 있다. 특히 정의선 회장을 중심으로 세대교체가 완료되면서 전통적인 자동차 제조 기업에서 모빌리티 서비스 기업으로 방향키를 틀고 있다. 또한 미래 사업의 비중을 자동차 50%, 도심항공모빌리티 30%, 로보틱스 20%로 재편하겠다고 밝혔으며, 이를 위해 미국의 자율주행 업체인 앱티브Aptive와 모셔널Motional이라는 합작법인을 설립하고 로봇개발 업체인 보스턴 다이내믹스Boston Dynamics를 인수하는 등 과감한 투자를 이어가고 있다.

현대차그룹의 미래 전략은 2020년 12월에 발표한 '2025 전략'에서 잘 나타난다. 현대차그룹은 '2025 전략'에서 전기차와 도심항공 모빌리티, 자율주행, 수소연료전지를 미래 핵심사업으로 내세우는 한편, 스마트 모빌리티 솔루션 기업으로 거듭나기 위해서 2025년까지 60조 1,000억 원을 투자하고 자동차 부문의 영업이익률 8%, 글로벌 시장 점유율 5%대를 달성하겠다는 목표를 제시했다. 구체적으로 기존 사업의 경쟁력을 강화하는 데 36조 6,000억 원을 투자하고 전기차, 도심항공 모빌리티, 로보틱스, AI 등 미래사업 역량 확보를 위해 23조 5,000억 원을 투자한다는 계획이다. 중장기 투자와 수익성 개선을 통해 지속가능한 성장 기반을 구축하려는 것이다. 특히 전기차 전용 플랫폼인 E-GMP를 기반으로 2025년까지 23종의 전기차 모델을 출시하고, 전 세계적으로 100만 대의 전기차를 판매해 시장 점유율 10% 이상을 달성함으로써 글로벌 리더가 되겠다는 목표를 갖고 있다. 그리고 이를 위해 2021년부터 준중형 전기차 SUV인 아이오닉5를 비롯해 중형 전기차 세단 아이오닉6, 대형 전기차 SUV 아이오닉7 등으로 라인업을 확대할 예정이다. 기존 내연기관차를 일부 변경해 전기차를 생산하던 방식에서 벗어나 전기차 전용 플랫폼을 사용하면 제조공정 효율화로 대량 생산에 따른 비용 절감 효과가 크고 모듈화 방식을 활용해 단기간에 전기차 라인업을 늘리기에도 용이하다. 현대차그룹의 전기차 경쟁력은 이미 상당한 수준에 와있는데, 단적으로 전기차의 에너지 효율을 측정할 때 사용하는 핵심효율Core Efficiency* 지

---

* 같은 무게로 동일 주행거리를 이동할 때 소요되는 전력량.

표에서 테슬라, 폭스바겐과 함께 글로벌 선두권에 있는 것으로 나타났다.

한편, 현대차는 2021년 9월에 열린 'IAA 모빌리티 2021'에서 기후변화에 대응하기 위해 전동화와 그린수소를 핵심축으로 2045년까지 탄소중립을 실현하겠다는 목표를 제시했다. 2040년까지 차량 운행과 사업장, 협력사 등에서 발생하는 탄소배출량을 2019년 수준 대비 75% 감소시키고, 탄소 포집·활용·저장기술Carbon Capture, Utilization and Storage, CCUS 등을 도입해 2045년까지 탄소 순배출 제로를 달성하기로 한 것이다. 이를 위해 2035년부터 유럽에서 판매하는 전 모델을 순수 전기차와 수소연료전지차로 바꾸고, 2040년에는 한국과 미국 등 다른 주요 시장에서도 모든 라인업의 전동화를 추진할 예정이다.

사실 현대차그룹이 미래차 주도권을 확보하는 데 있어서 전기차 판매량보다 중요한 것은 테슬라가 선도하고 있는 자율주행 영역에서

출처: 현대차그룹

현대차그룹의 E-GMP 플랫폼.

경쟁력을 갖출 수 있는지 여부다. 잘 알려진 것처럼 테슬라는 전기차와 배터리뿐만 아니라 운영체제, 무선 업데이트, 집중형 아키텍처(컴퓨터 시스템 설계 방식) 등 자율주행 관련 핵심 밸류체인의 수직계열화에 성공한 유일한 기업이다. 그러다 보니 테슬라의 막강한 위상에 도전하려는 움직임도 활발하다. 만약 현대차그룹이 비非테슬라 진영에서 경쟁력 있는 디바이스를 공급하는 업체로 자리매김한다면 현대차그룹의 위상이 크게 높아질 것으로 예상된다. 구글 등 글로벌 빅테크 기업들이 현대차그룹과 손잡고 미래차 분야에 진출하려는 것도 이러한 배경에서다.

더욱이 현재 글로벌 내연기관 완성차 업체 가운데서 무선 업데이트가 가능한 아키텍처를 구현하고 상품성 있는 전기차를 대량 생산할 수 있는 업체는 폭스바겐과 GM, 현대차그룹 등 소수 업체에 불과하다. 현대차그룹이 2022년부터 모든 차량에 엔비디아의 고성능 반도체인 '엔비디아 드라이브NVIDIA DRIVE'를 적용한 커넥티드카 운영체제 ccOS를 탑재하려는 것도 자율주행 등 소프트웨어를 실시간으로 업데이트해주는 무선 업데이트 기능을 본격적으로 도입하기 위해서다. 현대차그룹이 제네시스 GV60을 필두로 주요 전기차 모델에 무선 업데이트가 가능한 아키텍처를 적용하고 앱티브와 합작 설립한 모셔널을 통해 레벨4 이상의 자율주행 상용화에 성공한다면 스마트카 제조를 넘어서 로보택시, 로보배송 등의 영역으로 진출하며 명실상부한 글로벌 모빌리티 기업으로 자리매김할 것으로 예상된다.

새로운 플레이어 진입, 부품 업체도 기회다

글로벌 자동차 산업의 패러다임이 급변하고 산업 간의 경계가 무너지면서 자동차 산업에 새롭게 진출하는 기업들도 빠르게 늘고 있다. 전기차와 자율주행차의 부상으로 내연기관의 복잡한 설계기술과 제조공정이 필요 없어진 데다 자동차의 전장화로 반도체, IT 제품, 디스플레이 업체들의 시장 진입 문턱이 크게 낮아졌기 때문이다. 뿐만 아니라 자동차의 부가가치에서 소프트웨어가 차지하는 비중이 커지면서 이제는 완성차 업체가 테크 기업에게 협력을 요청해야 하는 상황도 벌어지고 있다.

모빌리티 부문에서 새롭게 두각을 나타내는 국내 대표기업으로는 SK그룹을 꼽을 수 있다. 반도체, 통신, 배터리, 바이오 등을 주력 사업으로 하는 SK그룹은 모빌리티를 신성장동력으로 삼고 과감한 투자를 이어가고 있다. 특히 SK온, SK텔레콤, SK하이닉스와 같은 계열사를 바탕으로 모빌리티 수직계열화를 이뤄내며 커다란 시너지 효과를 창출하고 있다. 미래 모빌리티 사업은 단순한 자동차 제조업이 아니라 스마트카에서 발생하는 빅데이터를 처리하고, 자동차와 주변 사물을 5G 통신망으로 연결해야 하며, 고정밀 지도 기반의 차량공유 서비스와 카 커머스도 구현해야 한다. 이같은 상황에서 이런 포괄적인 모빌리티 영역을 자체 역량으로 융합할 수 있는 SK그룹의 경쟁력이 두드러지는 것이다. 구체적으로 핵심 계열사인 SK온은 배터리 제조뿐만 아니라 배터리 구독서비스, 에너지저장장치Energy Storage System, ESS 등으로 사업을 확장하고 있다. 이를 위해 미국과 유럽 등에 대규모 배터리 공장을 건설하고 있으며, 이미 전기차 1,400만 대에 해당하는 1TW 이상의 배터리 수주 잔고를 확보한 상태다. SK텔레콤은 자율주행 및 커넥티드카와 관련된 ICT 기술을 담당하는 한편, 2020년 말에 독립법인으로 분사한 티맵모빌리티를 중심으로 미디어, 쇼핑, 결제 등의 다양한 모빌리티 서비스를 제공할 예정이다. 이와 함께 SK하이닉스는 첨단운전자보조시스템과 인포테인먼트에 필수적인 반도체 제품을 생산하고, 또 다른 계열사인 SK아이이테크놀로지SKIET와 SKC는 각각 배터리 분리막과 배터리 핵심소재를 제조한다. SK그룹이 자회사를 통해 미래 모빌리티 분야에 전방위적으로 투자하며 모빌리티 산업의 패러다임 변화에 선제적으로 대응하는 것이다.

스마트폰 사업을 접고 모빌리티에서 활로를 모색하고 있는 LG그룹도 빼놓을 수 없다. LG화학에서 물적 분할된 LG에너지솔루션은 높은 기술력을 바탕으로 중국을 제외한 글로벌 전기차 배터리 시장에서 점유율 1위를 차지하고 있고, LG전자는 전기모터와 인포테인먼트, 헤드램프 등을 중심으로 전장사업을 빠르게 확대하고 있다. 이에 2015년에 3.2%에 불과했던 LG전자의 전장사업 매출 비중은 2021년에는 10%를 넘어서며 수익성도 개선될 전망이다. 이와 함께 LG이노텍은 차량용 카메라 및 통신 모듈을 제조하고, LG디스플레이와 LG하우시스는 각각 OLED 패널과 차량용 내·외장재 생산을 담당한다. 특히 2021년 7월에 출범한 LG전자와 마그나의 합작법인 'LG마그나 이파워트레인'을 통해 LG그룹의 모빌리티 사업 포트폴리오가 한층 강화되었다는 점에 주목해야 한다. 보쉬, 덴소에 이어 세계 3위 자동차 부품 업체인 마그나는 폭넓은 글로벌 고객 네트워크와 뛰어난 파워트레인 통합시스템 설계 역량을 보유하고 있으며, 이를 바탕으로 자동차 부품 제작뿐만 아니라 도요타, 메르세데스-벤츠, BMW와 같은 글로벌 완성차를 위탁생산하고 있다. 이를 감안할 때 LG그룹은 마그나와 손잡고 애플카Apple Car를 포함한 다양한 기업의 전기차 위탁생산을 맡을 가능성이 있다. 미래 모빌리티 분야에 진입하려는 기업들에게 LG그룹은 마그나라는 든든한 파트너를 갖고 있고 계열사 간 전략적 협업이 가능하다는 점에서 매력적인 협력 대상이 될 수 있기 때문이다.

이처럼 새로운 플레이어들이 모빌리티 산업에 진입하는 것은 지금까지 고전했던 자동차 부품 회사들에도 기회가 될 수 있다. 기존 부품 회사들은 글로벌 경기 둔화로 내연기관 부품 수요가 감소하는 데다 폐쇄적인 자동차 산업의 특성상 신규 고객사를 확보하기도 어려워지면서 경영난이 심화되고 있다. 하지만 케이스로 대변되는 자동차 산업의 패러다임 전환에 성공적으로 적응한 기업들은 빠른 성장세를 이어가고 있다. 전기차 전환이 가속화되며 모터, 감속기 등 새로운 부품에 대한 수요가 늘어나고 있고, 새로운 플레이어의 등장으로 공급처가 다변화되었기 때문이다. 또한 자동차 부품이 모듈화·범용화되면서 완성차 업체들이 갖고 있던 자동차 제조의 주도권이 부품 회사로 넘어가는 현상마저 나타나면서 과거에 비해 부품 회사의 운신의 폭이 넓어지고 있다.

국내 주력 산업인 반도체 소재장비 업체들은 자동차 부품 회사의 생존 전략에 유용한 힌트를 제공한다. 과거 국내 반도체 소재장비 업체들은 천수답天水畓처럼 삼성전자와 SK하이닉스발 수주에 의존해왔다. 삼성전자와 SK하이닉스의 설비투자CAPEX와 국내 반도체 소재장비 업체들의 매출 동향이 거의 동행하는 흐름을 보인 것도 이 때문이었다. 하지만 2015년을 기점으로 상황이 달라졌다. 국내 반도체 소재장비 업체들이 글로벌 반도체 업체를 고객사로 확보하면서 매출 구조가 다변화되고 실적도 견고한 성장세를 나타낸 것이다. 뿐만 아니라 이들이 글로벌 반도체 업체와의 협력을 통해 얻은 기술력과 공정 노하우는 삼성전자와 SK하이닉스의 경쟁력 제고에도 도움이 되었다.

이를 감안하면 국내 자동차 부품 업체들도 현대차그룹에 대한 과도한 의존도를 낮추고 글로벌 모빌리티 밸류체인에 적극적으로 참여할 필요가 있다. 그래야만 불확실성이 커진 미래 모빌리티 환경에서 살아남을 수 있고, 글로벌 업체들과의 파트너십을 통해 케이스 시대에 필요한 경쟁력을 갖출 수 있기 때문이다. 반도체 소재장비 업체들의 경우에서 본 것처럼 이는 현대차그룹의 부품 생태계를 업그레이드하는 데에도 기여할 것으로 예상된다. 또한 정부 역시 자동차 부품 업체가 특정 대기업과의 전속계약에 의존하지 않고 판로를 다변화할 수 있도록 제도적 장치와 인센티브를 마련할 필요가 있다.

현재 중국 시장에서 고전하고 있는 국내 자동차 부품 업체들의 생존 전략도 이와 맥을 같이한다. 앞 장에서 살펴보았듯이 현대차그룹에 매출의 상당 부분을 의존했던 부품 업체들은 현대차그룹의 중국 내 판매가 급감하고 로컬 부품 업체들과도 경쟁하게 되면서 큰 타격을 입었다. 이 같은 상황에서 국내 부품 업체들이 해야 할 것은 현대차그룹의 중국 판매가 회복될 때까지 마냥 기다리는 것이 아니라, 전 세계 모든 완성차 업체들이 진출해 있는 중국 시장에서 새로운 공급처를 발굴하기 위해서 적극적으로 나서는 것이다. 구체적으로는 제품 기획과 디자인 단계부터 개발과 생산에 이르는 밸류체인 전반에 걸쳐 현지 업체와 파트너십을 구축하고, 1, 2선의 대도시뿐만 아니라 지방 정부의 지원책과 구매력이 뒷받침되는 3선 이하의 도시도 공략할 필요가 있다. 특히 중국이 전기차를 포함한 미래차 분야에서 한국에 비해 시장 규모가 월등히 크고 앞선 경쟁력을 갖추고 있는 만큼, 국내 부품 업체들은 현지 업체와의 협력을 통해 혁신 역량을 강화해야 한다. 그리고 이렇게 기른 제품 및 가격 경쟁력을 바탕으로 글로벌 시장 공략에 나선다면 긍정적인 선순환 효과를 만들어낼 것으로 예상된다.

중국 내 국내 부품 회사의 판로 다변화는 현대차그룹의 현지화 전략을 고려하더라도 서둘러야 한다. 앞서 언급한 것처럼 글로벌 및 로컬 완성차 업체에 밀린 현대차그룹은 중국 시장에서 살아남기 위해 중국 맞춤형 모델을 출시하고 로컬 부품 업체의 비중을 높이는 등 다양한 전략을 시행하고 있다. 2016년 이후의 부진을 반면교사 삼아서 프리미엄 브랜드인 제네시스와 신규 SUV 모델을 출시하는 한편, 급성장하는 중국 전기차 시장을 겨냥해 2022년부터 매년 전용 전기차 모델을 선보이기로 했으며, 하이브리드차와 수소전기차 등 다양한 전동화 모델을 출시해 2030년까지 총 21종의 전동화 라인업을 구축할 예정이다. 만약 내연기관 부문이 잘되고 있었다면 이 같은 전환에 상당한 비용과 시간이 소요되겠지만, 수년간 지속된 부진으로 잃을 것이 거의 없어진 상황에서는 현대차그룹이 제로 베이스에서 대중국 전략을 재검토하고 미래차로 방향을 선회하는 데 전화위복으로 작용할 가능성이 높다. 이와 함께 현대차그룹은 중국 내 R&D 조직을 강화해 현지 시장의 니즈에 맞는 제품과 서비스를 제공하는 한편, 미래 모빌리티 산업에 중요한 인포테인먼트와 자율주행 시스템 개발에도 나서고 있다. 중국에서 생산하는 전기차에 가격 경쟁력을 갖춘 CATL의 배터리를 사용하고 중국 내 모든 신차에 바이두의 자율주행 플랫폼인 아폴로를 탑재하기로 한 것 역시 중국 시장 공략을 위한 현지화의 일환이다. 물론 이 같은 노력에도 불구하고 중국 내에서 현대차그룹의 시장 점유율을 단기간에 반등시키기는 쉽지 않을 것이다. 하지만 중국 모빌리티 시장의 중요성과 발전 속도를 감안할 때, 이러한 방향이야말로 현대차그룹이 가야 할 길임은 분명하다.

차이나 모빌리티 2030
미래차 시장의 새로운 게임체인저

초판 1쇄 발행 2021년 12월 10일

지은이 윤재웅
펴낸이 성의현
펴낸곳 (주)미래의창

편집주간 김성옥
편집진행 최승헌
디자인 공미향
홍보 및 마케팅 연상희 · 김지훈 · 김다울 · 이희영 · 이보경

출판 신고 2019년 10월 28일 제2019-000291호
주소 서울시 마포구 잔다리로 62-1 미래의창빌딩(서교동 376-15, 5층)
전화 070-8693-1719 **팩스** 0507-1301-1585
홈페이지 www.miraebook.co.kr
ISBN 979-11-91464-61-0 03320

※ 책값은 뒤표지에 있습니다. 잘못된 책은 바꿔 드립니다.

생각이 글이 되고, 글이 책이 되는 놀라운 경험. 미래의창과 함께라면 가능합니다.
책을 통해 여러분의 생각과 아이디어를 더 많은 사람들과 공유하시기 바랍니다.
투고메일 togo@miraebook.co.kr (홈페이지와 블로그에서 양식을 다운로드하세요)
제휴 및 기타 문의 ask@miraebook.co.kr